JN231958

BOSS

MAKE

JunJunメイクで顔もココロも
なめられない女になる

ボスメイク

ヘアメイクアップアーティスト
JunJun

CONTENTS

◆本書で紹介している商品の価格はすべて税抜きです。

Contour ／ Contouring
＝輪郭〔外形〕を描く

コントゥアリングメイクとは、
ハイライトとシェーディングで陰影をつけ、
顔に立体感を生ませるメイク法のこと。

インスタ映えすることで、ボクが日ごろから深くインスパイアされている
L.A.のセレブや女の子たちがこぞってクリエイトしている、
いまいちばんトレンドなメイクです。

一見、純ジャパ女子には難しく感じますが、
これをボク流にアレンジしたのが“ボスメイク”。

新しいメイクで、新しい自分
―異性同性先輩後輩からなめられない自分に
出会ってほしいのです。

―― JunJun

Chapter 01

個性を引き出す「主張型」のメイクを、
憧れ女子３名が全身で表現。

WHAT'S BOSS MAKE ?

ボスメイクって?

メイクは、「私」を表現する
方法のひとつ。
だから、そこに意志が
宿っていなくちゃ
「本当のあなた」じゃない。

ぼんやりしていないで、
そろそろ動き出さないと。
今の時代に必要とされているのは、

意志のある
顔立ち=ボスメイク。

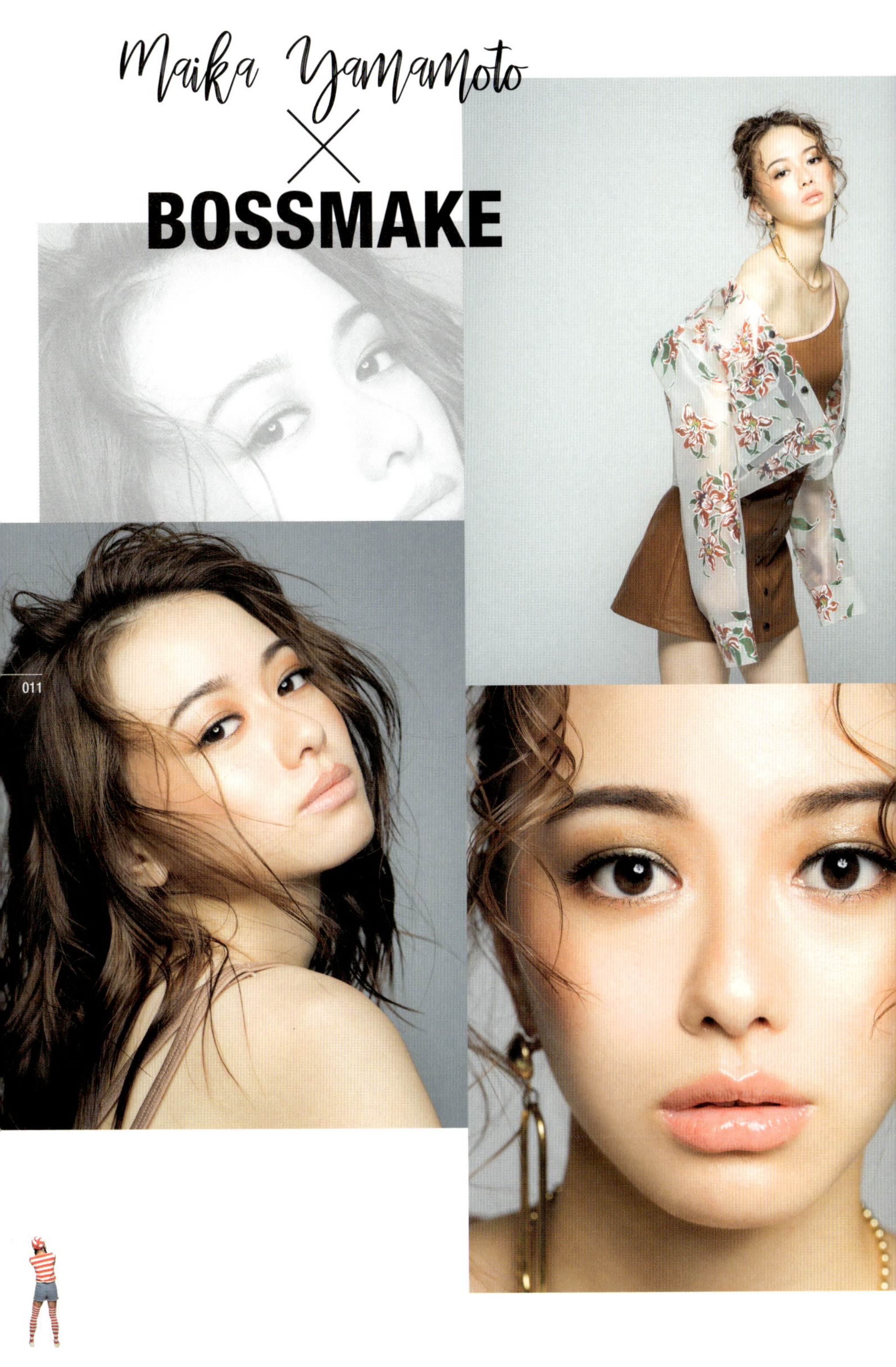
Maika Yamamoto
×
BOSSMAKE

Kaede × BOSSMAKE

Emma Jasmine × BOSSMAKE

女の子は、いろんなものを背負って生きている。
それが美しくて、愛おしい。
もっと見せて。「控えめ」なんて、もったいないよ。

019

メイクは、女の子の人生そのもの。
今の価値観が変わるくらいの衝撃と、楽しさと、美しさを
みんなに教えてあげたい。
ボスメイクがそのきっかけに、きっとなるはず。

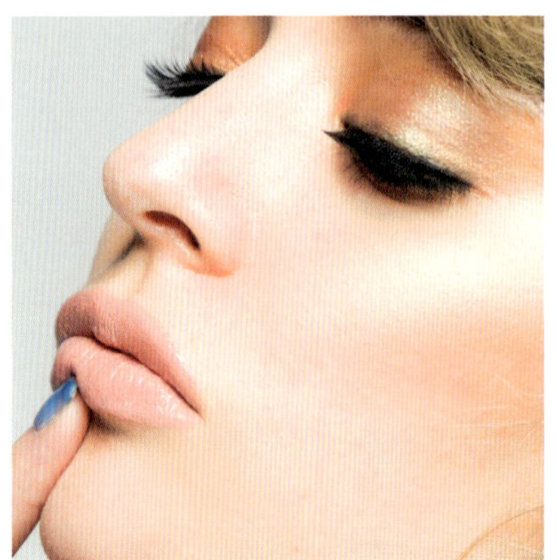

Emma Jasmine

瑛茉ジャスミン

profile

1995年3月16日生まれ、オーストラリア出身。幼少期から子役として活躍。現在は雑誌『ViVi』専属モデルのほか、映画やドラマ、広告、ファッションショーなどに出演。ドーリーフェイスが憧れの的に。
@emmajasmine12345

Kaede

楓

profile

1996年1月11日生まれ、神奈川県出身。『E-girls』『Happiness』のパフォーマーとして活躍するかたわら、雑誌『CanCam』の専属モデルもこなす。そのファッションセンスにも定評あり。
@kaede__happiness__official

Maika Yamamoto

山本舞香

profile

1997年10月13日生まれ、鳥取県出身。『王様のブランチ』レギュラー出演中。また、舞台『漫画みたいにいかない。』第2弾が決定。その他、最新情報は下記へ。ドラマや映画など多方面で活躍中。
@yamamotomaika_official

Chapter 02

ボスメイクのテクニックを、
イメージ&印象度別に
1～5段階でレクチャーします。

HOW TO BOSS MAKE ?

ボスメイクの
バリエとプロセス

※この章に掲載されている化粧品はすべてモデルカットのメイクに使用したものですが、ポイントを抜粋してプロセスを紹介しているため使用写真は出てこない場合があります。

USE IT!

肌質を整えながらツヤをプラスするハイライト。M・A・C エクストラ ディメンション スキンフィニッシュ ダブル グリーム ¥4,500／M・A・C

まつ毛をしっかり絡めるスリムブラシのマスカラ。簡単に長く、濃く。M・A・C エクステンディッド プレイ ラッシュ エンドレスリー ブラック ¥2,500／M・A・C

乳液のようなさらりとした下地。M・A・C ライトフル C+ ティンティッド プライマー SPF 45・PA++++ 30ml ¥5,400／M・A・C

淡い発色のブラウンは、陰影づけにジャスト。アイブロウパウダーとしても活躍。M・A・C スモール アイシャドウ ソバ ¥2,500／M・A・C

なめらかに描けるリキッドタイプのアイライナー。M・A・C ブラシストロークライナー ブラシブラック ¥3,200／M・A・C

ナチュラルな血色感のチーク。ディオールスキン ルージュ ブラッシュ 219 ¥5,700／パルファン・クリスチャン・ディオール

唇の赤みをナチュラルに演出する血色タイプ。オレンジ強めでヘルシーにも。ランコム ラプソリュ グロス S141 ¥3,600／ランコム

肌色を明るく仕立てるイエローベース。ネオヌード ハイライター 10 ¥5,200／ジョルジオ アルマーニ ビューティ

ワンストロークでくっきりラインが描けるアイライナー。イヴ・サンローラン YSL アイスティロ ウォータープルーフ 1 ¥3,400／イヴ・サンローラン・ボーテ

天然素材でできた、ボディにも使えるナチュラルワックス。ザ・プロダクト オーガニックヘアワックス 42g ¥1,980／KOKOBUY

カバーしたいスポットにピタッと密着。M・A・C スタジオ フィックス スムースウェア コンシーラー NC20 ¥2,800／M・A・C

BOSS

マイルドなツヤと影が、肌の色ムラや凹凸はうやむやに、顔立ちのメリハリをほどよく際立ててくれる、デイリーに使えるバージョン。

SUNWEI meets BOSSMAKE

ソンイ

profile

1989年10月13日生まれ。ファッション誌『Popteen』にてモデルデビュー。現在はビューティー誌や広告を中心に活躍中。@sunwei1013

キャミソール¥6,900／Valmuer
その他／スタイリスト私物

初心者対応型の
ナチュラル仕上げ

BOSS LEVEL 1

BASIC

the PROCESS

1 みずみずしく、薄くのびるタイプの下地を顔全体に広げる。これで顔色をムラなく、全体的にトーンアップさせる。

WITHOUT MAKE-UP

2 ピンポイントで気になるくすみや赤みなどは、下地よりも少し硬いテクスチャーのコンシーラーでカバー。肌にチョンとのせたら、指でポンポンとなじませる。

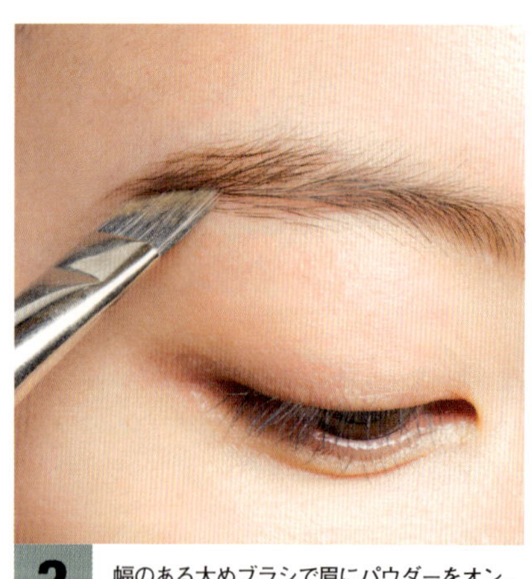

3 幅のある太めブラシで眉にパウダーをオン。眉の下部分から描き、全体を色づける。ここではアウトラインをしっかりとらなくてOK。M・A・C のアイシャドウ ソバを使用。

ノンファンデでも、
光と影を味方につければメリハリ！

4 まぶたにハイライトをのせて、指でまんべんなく塗り広げる。色をつけるというより、光を仕込んでくすみを飛ばすためのプロセス。

5 二重幅にブラウンのパウダーをのせて、影をつくる。ひと塗りで眼球の上をなでられるサイズ感のブラシを使うと、キレイに影がつくれる。M・A・Cのアイシャドウ ソバを使用。

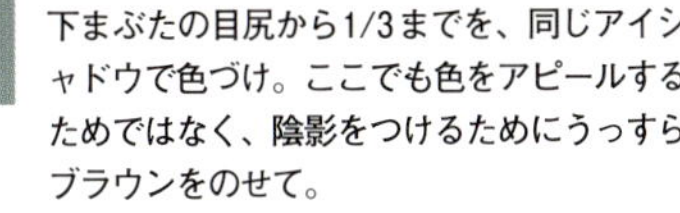

6 下まぶたの目尻から1/3までを、同じアイシャドウで色づけ。ここでも色をアピールするためではなく、陰影をつけるためにうっすらブラウンをのせて。

7 肌・眉・まぶたをナチュラル仕立てにしているので、アイラインはリキッドタイプでくっきりと。目頭から目尻ギリギリまで引く。

8 **7**でアイラインを引いた部分に、ブラウンのパウダーを重ねる。コシのあるブラシに色をとって重ねていくと、アイラインの濃さがマイルドになり、肌になじむ。

9 まつ毛カーラーで根元からまつ毛をしっかりとはさみ、グッと上向きカールに仕立てる。

10 まつ毛の中央から目尻へ、目尻から目頭へという順番で、マスカラを塗っていく。下まつ毛にも塗って、繊細な束感を出しておく。

11 毛量のあるブラシにチークカラーをとる。こめかみから小鼻に向かい、広くブラシを動かす。頬をキレイに色づけるポイントは、ブラシをべったりと肌につけず、優しいタッチで。

13 ペンシルタイプのアイライナーで、インラインを引く。上まぶたを指で少し引っ張り上げ、まつ毛根元の毛と毛の間の肌色を黒で埋めていく。

12 チークに重ねるようにハイライトで光をのせる。ハイライトは M・A・C を使用。扇状のブラシを使うと広範囲に面で肌をとらえられるため、ハイライトの光をまんべんなく塗布できる。

15 陰影でメリハリをつけた肌、アイメイクに合わせて、唇にはツヤで立体感を。自分の唇の色みに似た、ツヤタイプのリップやグロスをセレクトするとしっくり。

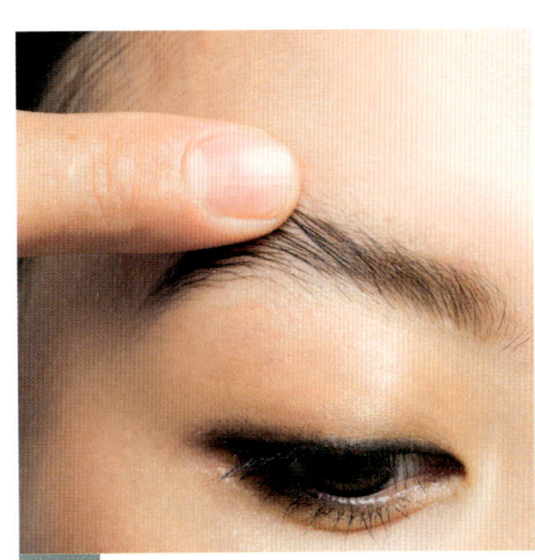

14 ワックスを指に揉み込み、眉毛をなでて毛流れをつくる。少量をとったら人差し指と親指を使って温め、眉毛を少し立てるようになでて。

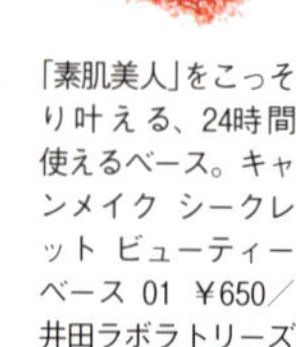

「素肌美人」をこっそり叶える、24時間使えるベース。キャンメイク シークレット ビューティーベース 01 ￥650／井田ラボラトリーズ

最高級クラスのジュエリーみたいな輝き。どんな唇も一瞬でグラマラス仕立てに。ゲラン ルージュ ジェ N°62 ￥3,600／ゲラン

くすんだ色合いのトレンドカラーで、深みのある、大きな目元が完成。ケイト ヴィンテージモードアイズ RD-1 ￥1,200（編集部調べ）／カネボウ化粧品

艶やかなブラックでまつ毛をラッピング。お湯で簡単にオフできる。ミッシュブルーミン マスカラ No.01 ￥1,600／ウエルネスボーテ

パウダーとは思えないくらい、透明感と密着感の高いチークカラー。キャンメイク グロウフルールチークス 02 ￥800／井田ラボラトリーズ

手ブレ吸収ブラシ採用で、失敗しにくく描きやすいアイライナー。メイベリン ハイパーシャープ ライナーR BK-2 ￥1,200／メイベリン ニューヨーク

肌の奥から、ナチュラルかつ印象的なツヤをくれるハイライト。M・A・C ミネラライズ スキンフィニッシュ ライトスカペード ￥4,200／M・A・C

旬の赤みを目元に添えて、女っぽさと強い目力をアピール。美しくアウトラインをとった眉とのコンビネーションで、印象度を上げています。

BOSS LEVEL 2

INNOCENT

清楚、だけじゃ物足りない
強さを秘めた女性に

トップス¥9,800／Valmue
スカーフ¥1,900／原宿シ
ゴ 表参道店　ピアス¥9,3
／imac

the PROCESS

1 ピンクベージュをアイホール全体に広げ、濃いピンクを二重幅よりオーバーめに。ケイトの右と中央上の色を使用。

2 目の際には、さらにブラウンを重ねて印象を引き締め。深みが出てセクシーさを強調。ケイトの中央下の色を使用。

3 アイライナーは少しトーンの柔らかいソフトブラックをチョイス。ラインを引き終えたらブラウンのアイシャドウを重ねてぼかす。

4 ピンクベージュ、ピンクの順で下まぶた全体を色づけ。ケイトの右と中央上の色を使用。

目元・頬・唇、パーツごとに
強弱をつけた赤みで、女度を上げる！

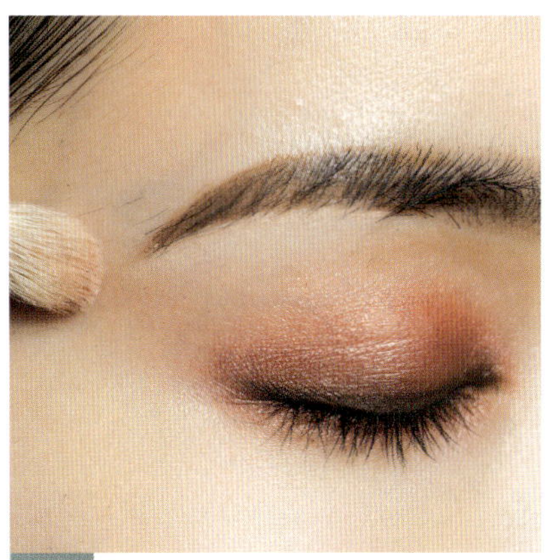

5 1で使ったブラシに残った色で、目尻〜こめかみまでをふんわり色づけ。うっすらと色を入れることで、骨格がナチュラルに浮き出るから見た目にメリハリが出る。

6 ホワイトのアイシャドウを上まぶた中央と、目頭のくぼみ＝「く」の字ラインにのせる。ケイトの左の色を使用。

7 チークカラーをブラシにとったら、「U」字を描くように頬の上で動かす。M・A・Cのハイライトを頬骨の上、鼻筋、鼻先、上唇の上、下唇の下の計5カ所に入れる。

8 リップはアウトラインをブラシで塗り、唇の輪郭をしっかりと縁どる。その内側は直塗りすると、立体感が生まれて印象度が上がる。

USE IT!

繊細かつ大胆に輝くラメがぎっしり。ピンクの甘さにほどよくパンチを添えて。M・A・C ダズルシャドウ ラストダンス ￥2,900／M・A・C

ツヤと血色感を操るハイライト&チークベース。つるんとしたハリ感と透明感のある肌に。THREE シマリング グロー デュオ 01 ￥4,500／THREE

軽やかなムースで、くすみや厚塗り感なく肌と一体化。フェイス ファブリック 2 SPF12 ￥6,200／ジョルジオ アルマーニ ビューティ

ジェルみたいなテクスチャーで、瞳に濡れたような輝きをもたらす。キャンメイク ジュエルスターアイズ 17 ￥580／井田ラボラトリーズ

シルバーのグリッターがきらめき、綿菓子のようにふんわりと、甘く、頬にフィットするチーク。NARS ブラッシュ 4023 ￥3,400／NARS JAPAN

ひと塗りで最強のボリュームを叶える。ファシオ パワフルカール マスカラ EX（ボリューム）BK001 ￥1,200／コーセーコスメニエンス

8色のアイシャドウとハイライトが1色詰め込まれた魅惑のパレット。M・A・C クイーン シュープリーム ￥6,700／M・A・C

BOSS

甘い青みピンクの頬と唇に、ゴールド強めの目元が引き立つメイク。甘いけれど、甘すぎない、駆け引き上手な女性をイメージ。

可愛くて強い、
ギャップで魅せる女っぽさ

BOSS LEVEL 3

SWEET

トップス¥3,990／GYDA　チョーカー¥6,200／Ventheuf(Valmuer)　その他／スタイリスト私物

the PROCESS

1 ラメのアイシャドウを重ね塗り。まずは濡れた質感のものをベースとして、まぶた全体に広げて。キャンメイクのピンクラメを使用。

2 次にパウダータイプのアイシャドウを。質感の違うラメを重ねると他にはない奥行きが表現できる。M・A・Cのパレットの左から2番目の色を使用。

3 ピンクラメのパウダーアイシャドウをブラシにとり、目頭と下まぶたにオン。M・A・Cのラストダンスを使用。

4 アイラインはリキッドタイプを。目尻を長め、そして少し跳ね上げるのが『BASIC BOSS』との違い。これでフェミニン感を強める。

ガーリーピンクの合わせ技で、スイート×スパイシーなメリハリを

6 クリームタイプのハイライトを目の周りのCゾーンへ。指にとったら肌をポンポンとタップし、優しく叩き込むように塗布。THREEの右の色を使用。

5 青み強めのピンクで、頬に血色感とフレッシュなイメージを。目の下と小鼻横の延長線が交差するポイントに、丸く、大きくブラシを動かして色づけ。

7 リップは直塗りでOK。アウトラインは「そこそこキレイにとる」くらいのテンションで。リップはp.057と同じNARSと、p.049と同じM・A・Cのピーチブロッサムを使用。

USE IT!

細いラインも簡単に描けるスリムタイプのペンシルハイライター。マイクロコントゥアーデュオ ペンシル MCDP01 ¥1,200／ニックス プロフェッショナル メイクアップ

さまざまな質感のアイシャドウ14色がセットに。暖色系はコントゥアメイクに必須。KYLIE COSMETICS The Summer Palette(JunJun私物)

ディオールスキン フォーエヴァー コンシーラー 011 6ml ¥4,200／パルファン・クリスチャン・ディオール

するりとしたなめらかな質感。M・A・C リップスティック ホワール ¥3,000／M・A・C

美容液成分を75%配合した美容液のようなファンデ。THREE アンジェリックシンセシスファンデーションセラム 203 SPF38・PA+++ 30ml ¥6,200／THREE

目尻にかけてグラデーションのように濃くなるデザイン。ダイヤモンドラッシュ リトルウィンクシリーズ シークレットeye(上まつげ) 5ペア入り ¥1,400／SBY

ベルベットのような質感で、鮮やかな発色。M・A・C リップテンシティ リップ ペンシル トーストアンド バター ¥2,800／M・A・C

コントゥアを最初に仕込むのではなく、仕上げにまとわせるのが最大のポイント。簡単に顔立ちに立体感を出せる、プロ仕様のテクニック。

ひと目で記憶に残る
骨格美人でインスタ映え決定

BOSS LEVEL 4 INSTA

ブラウンベロアキャミ￥4,990／GYDA　ピアス￥5,300／imac　その他／スタイリスト私物

the PROCESS

1

眉のアウトラインをきっちりとったら、ペンシルで1本1本描く。毛と毛の間の肌色が見えている部分に毛を生やすイメージで。

2

眉の存在感を強めるため、眉下ラインギリギリにコンシーラーを。肌色よりも少し明るいトーンのなめらかなコンシーラーを選んで。

3

2で引いたコンシーラーのラインを、綿棒を細かくシャシャシャッと動かしながらなじませる。これで、眉のシルエットがさらにくっきりと際立つ。

4

ゴールドとオレンジのアイシャドウを使ってアイメイク。上まぶた全体から眉尻へと上昇させるように広く色づけていき、最後に綿棒でひとなぞりして骨格を目立たせる。

5

ブラウンのアイシャドウで上まぶた全体に影をつける。まぶたの上でブラシを左右に何度も動かし、少しずつ色づけると自然な「彫り」が生まれる。最後はブラシを眉尻へと流す。

注目は、キリリと浮き立つような眉と「後からコントゥア」！

6
リキッドでアイラインを引き、ブラックのアイシャドウを重ねてぼかしたら、下まぶた全体にも**4**と同じアイシャドウを。ラストに目尻1/3までを**5**と同じブラウンで色づけ。つけまつ毛をつける。

7
コントラストの強いボスメイクは、仕上げの段階でコントゥアを投入。フェイスラインにはダークブラウン、中心にはハイライトの淡いベージュをクレヨン感覚で肌にオンしたら、スポンジとブラシでなじませる。ニックスのハイライターや、p.053M・A・Cのスティック、p.069メイベリンのコントゥアスティックなどがおすすめ。

8
頬骨には明るさだけでなく、光もまとわせて立体感を強調。ハイライトはp.081のHUDA上段右、チークは同じアイテムの下段右を使用。

9
唇のアウトラインと中心で、ほんのり色に変化をつけて。ブラウン強めのリップペンシルは、顔の印象にピリッとスパイスを与えつつ大人っぽさも。内側はM・A・Cのリップスティックを直塗り。

しっとりとした微粒子パウダーの濃淡２色の組み合わせ。アナスタシア ブロウパウダー DUO ダークブラウン ¥3,200／アナスタシア

カバー力に優れたウォーターベースのリキッドファンデ。ディオールスキン フォーエヴァー アンダーカバー 010 40ml ¥5,500／パルファン・クリスチャン・ディオール

コシがありながらもしなやかな筆先で、にじみにくいアイライナー。インテグレート スーパーキープ リキッドライナー BK999 ¥950(編集部調べ)／資生堂

ほどよい硬さで描きやすく、唇の輪郭をキレイに整えてくれる。M・A・C リップ ペンシル オーク ¥2,400／M・A・C

サテンのヴェールのようにデリケートな光沢感を放つ。7種の植物オイル配合。THREE シマリング リップジャム 23 ¥3,000／THREE

目尻にかけて長くなる毛束感が、惹きつけEYEを演出。ダイヤモンドラッシュ ヌーディスウィート シリーズ ヒロインeye 5ペア入り ¥1,400／SBY

BOSS

アイシャドウを何層も重ね、目元にこれまでとは違う奥行きを実現。眉は角をつけてしっかりと描き、逆に唇はヌーディーカラーで差し引き。

BOSS LEVEL 5

ここぞって日に似合う、
甘さを封印した欲ばりFACE

SUPER

パーカ￥4,990、ブラトップ(ショーツとセット)￥8,990／ともにGYDA　ピアス￥1,900／原宿シカゴ 表参道店　その他／スタイリスト私物

the PROCESS

1 ファンデーションを塗り、つけまつ毛をセットしたら、眉頭の出発点からワントーンで眉下ラインをくっきりと描く。そのまま眉を囲むように全体のアウトラインを整える。

2 1で使ったブラシで新たに色はとらず、残った色だけで眉の内側を塗っていく。眉頭が若干淡いくらいで、全体的に同じくらいの濃さに仕上げる。

3 まぶた全体にゴールドのアイシャドウを広げたら、二重幅より少しオーバーめにグリーンカラーを重ねる。アイシャドウはp.081のカイリーのパレットを使用。

4 さらに二重幅にラメ入りグリーンを重ねて。光の角度でさまざまな色みを感じる、玉虫色のようなグラデーションカラーの完成。

目元と唇に、色と質感を重ねた
誰もが2度見するゴージャスメイク

5 上まぶた同様、下まぶたもグラデーションカラーでメイク。まずは全体にグリーンカラーを広げる。

6 次にゴールドカラーを重ねる。目尻から1/3の範囲は少し濃く、幅も広めにのせると眼差しの威力がパワーアップ。

7 ゴールドカラーのアイシャドウを、アイホールの中央のみに指でトン、とのせる。これが瞳の立体感をもうワンプッシュ強く出すテク。

8 リキッドアイライナーでアイラインを描く。目尻は思い切って長めに。眉尻へとつなげるくらいのイメージで上昇ラインを描いて。

9 チークとハイライトをそれぞれ頬、頬骨上へと強めに入れて、挑発するような立体的な骨格をつくる。チークはp.097のメイクアップフォーエバー S-300と同じ、ハイライトはp.028のM・A・Cと同じ。

10 リップを軽くひと塗りしてから、M・A・Cのリップペンシルでアウトラインをとる。こうすると少しオーバーに引いたリップラインがわざとらしく見えない。

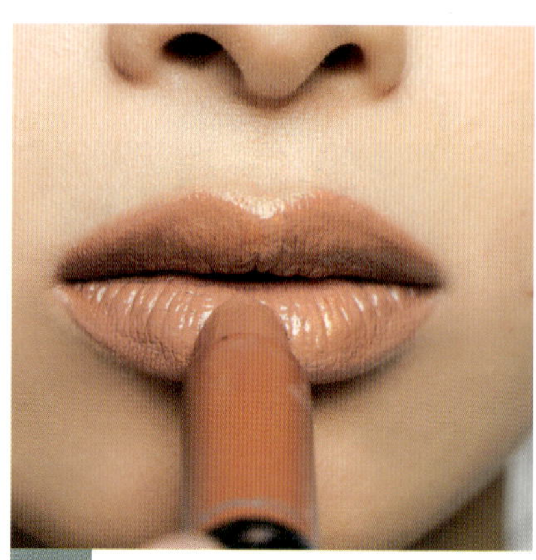

11 アウトラインが決まったら、再びリップを重ねる。リップはp.050のM・A・Cと同じ。

12 さらにツヤをアップさせるため、THREEのグロスを唇全体に塗る。ペンシルで描いたアウトラインは崩さないように。

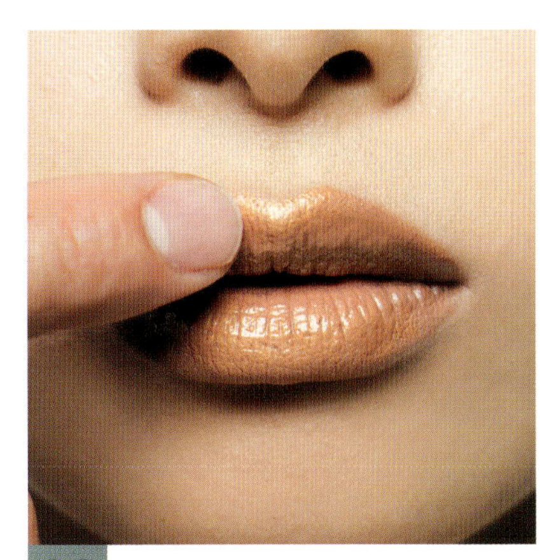

13 上唇と下唇の中央のみにゴールドのパウダーを塗布。グロスのみずみずしいツヤとラメのきらめきで唇のボリュームをグッと底上げ。

パーツのカラーとシルエットで楽しむ BOSS TENSION

あえて血色をオフする超ヌーディーカラーから、ドキッとするくらいセクシーなレッドまで、コントゥアメイクにマッチするリップのラインナップ。眉はシルエットで変化を楽しんで。

トップス¥3,580 EMODA ルミネエスト新宿店 ピアス¥5,300 imac

Lip

なめらかにフィットして、唇にぷっくりとした立体感をもたらす。M・A・C リップスティック ベルベット テディ ¥3,000／M・A・C

コンシーラーでなぞっておくとリップラインがくっきり

特に、下唇の口角部分に注目を。ここをコンシーラーでなぞっておくと、リップラインが浮き出たようにくっきり。眉下ラインにも。

イヴ・サンローラン ラディアント タッチ 1 ¥5,000／イヴ・サンローラン・ボーテ

ONE TONE

主張しつつも他パーツとのなじみもいい、ワントーンカラー。控えめなツヤ感が今どき。

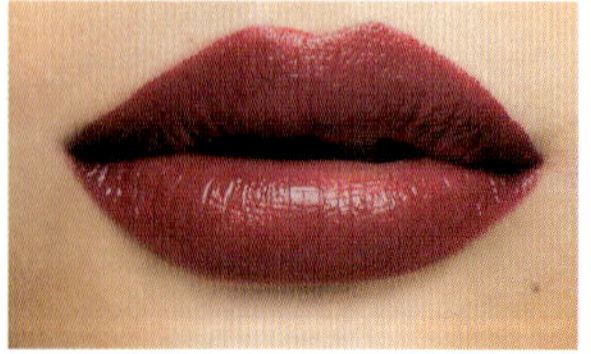

リッチなダーク・パープル。ジバンシイ ルージュ・ジバンシイ・リキッド No.411 ¥4,600／パルファム ジバンシイ〔LVMHフレグランスブランズ〕

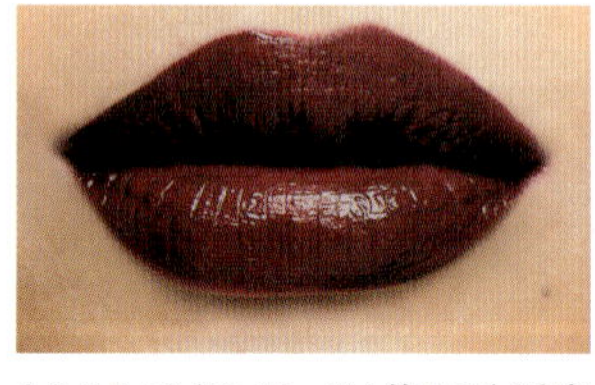

とろけるようなツヤと、ひと塗りで叶う印象的な発色を両立。シュウ ウエムラ マットシュプリア M WN 03 ¥3,200／シュウ ウエムラ

肌と一体化するようなヌーディーベージュ。モードに必須の控えめなツヤ感。ランコム ラプソリュ ルージュ S237 ¥4,000／ランコム

赤みはなくても表情に深みが出せるサテンマットの仕上がり。rms beauty リップスティック マジックアワー ¥3,800／アルファネット

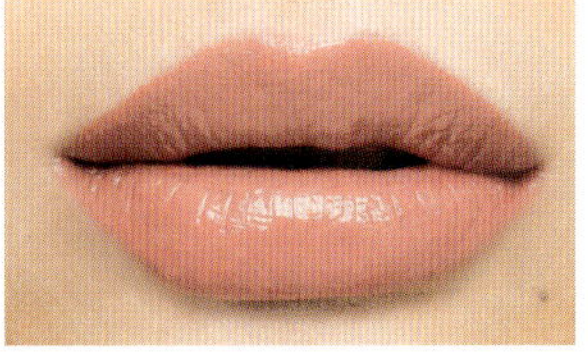

高発色のサテンカラーが心地よくフィット。保湿成分配合で乾き知らず。NARS ベルベットリップグライド 2732 ¥3,500／NARS JAPAN

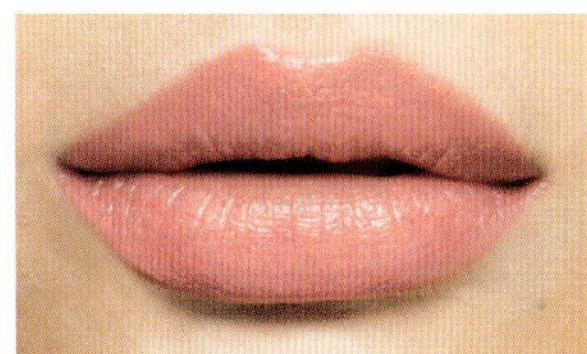

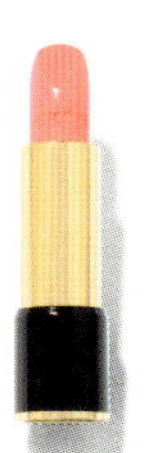

『エフォートレス シック』というネーミング通り、年齢を選ばないアプリコット。ランコム ラプソリュ ルージュ C361 ¥4,000／ランコム

優しげトーンのピンクベージュはどんなシーンにもマッチしやすい。M・A・C リップスティック パーシステンス ¥3,000／M・A・C

パウダリーなマット質感がロングラスティング。ルージュ ドゥ アルマーニ マット 500 Fatale ¥4,200／ジョルジオ アルマーニ ビューティ

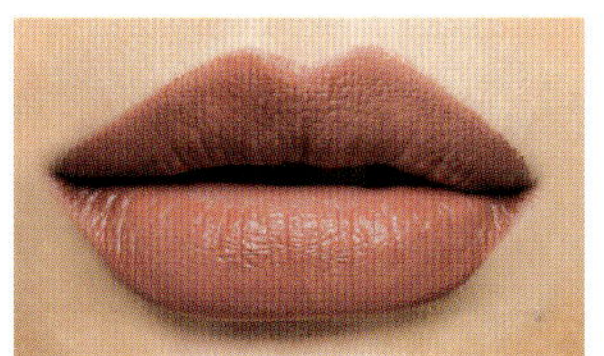

大人女性にも似合う、トレンドのくすみカラー。なめらかなマット質感。M・A・C リップスティック パラマウント ¥3,000／M・A・C

なめらかな塗り心地。 スエード マット リップスティック SDMLS06 ¥1,200／ニックス プロフェッショナル メイクアップ

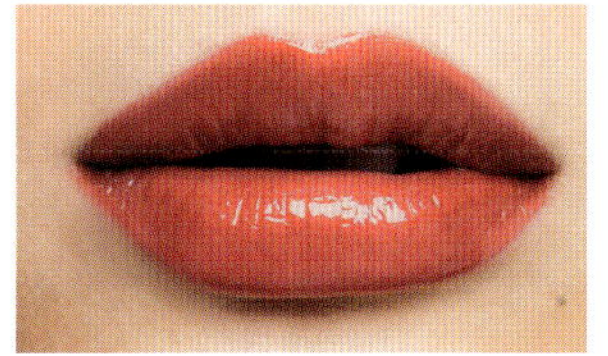

みずみずしいリキッドバーム。イヴ・サンローラン ヴォリュプテ ウォーター カラーバーム 11 ¥4,000／イヴ・サンローラン・ボーテ

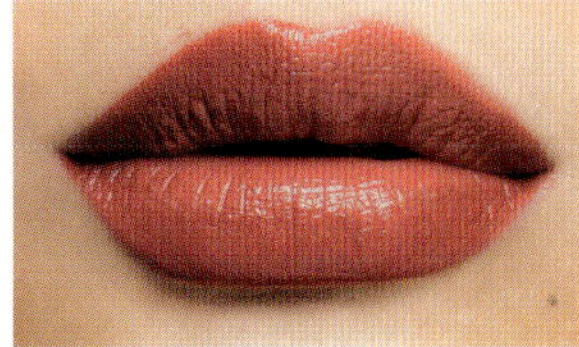

上質なサテン生地のような薄膜を唇に。ゲラン シェード No.03 ¥3,600、ケース プレッピー シック ¥2,100／ともにゲラン

TWO TONES

アウトラインと内側と、トーンを変えたり、合わせたり。
コンビネーションで色と質感を楽しむ。

USE IT!

[上]クリーミーな質感で肌なじみのいいニュートラルカラー。ボビイ ブラウン リップ ペンシル 18 ￥3,200／ボビイ ブラウン
[下]肌に溶け込むモードなヌードベージュ。アディクション リップスティック シアー005 ￥2,800／ADDICTION BEAUTY

step01

pencil&crayon

本来の輪郭よりも、オーバーに、くっきりと描くほど、ボスレベルは上昇。

step02

rouge

海外仕立てにするならペンシルとリップの色に差をつけて。おすすめはブラウンのアウトライン。

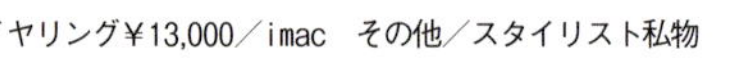

トップス￥4,990／GYDA　イヤリング￥13,000／imac　その他／スタイリスト私物

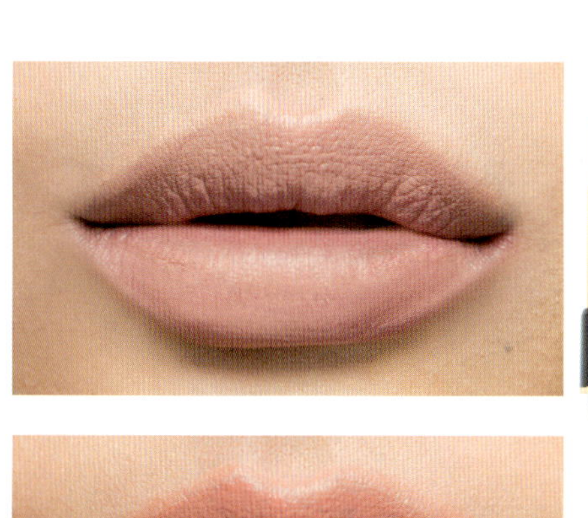

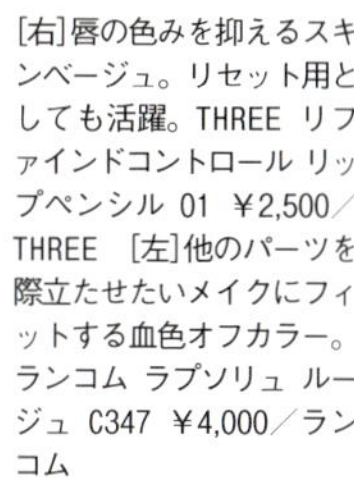

[右]唇の色みを抑えるスキンベージュ。リセット用としても活躍。THREE リファインドコントロール リップペンシル 01 ¥2,500／THREE [左]他のパーツを際立たせたいメイクにフィットする血色オフカラー。ランコム ラプソリュ ルージュ C347 ¥4,000／ランコム

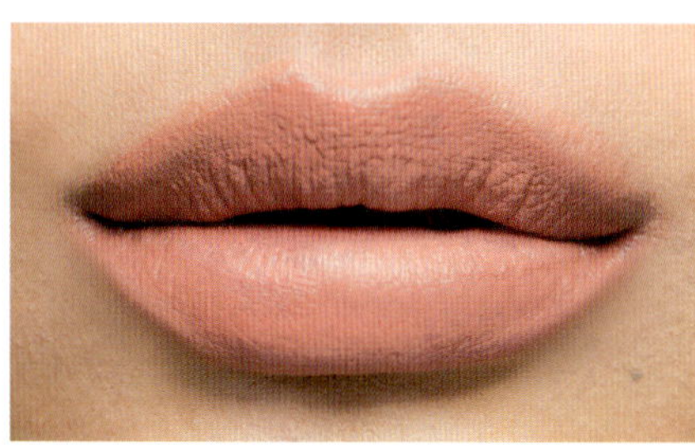

[右]果てしなく肌に溶け込む、ベルベット質感。アディクションリップクレヨン エンドレスリー ¥2,300／ADDICTION BEAUTY [左]スルスル塗れるのにマット仕立て。メイベリン カラーセンセーショナル リップスティック MNU 10 ¥1,200／メイベリン ニューヨーク

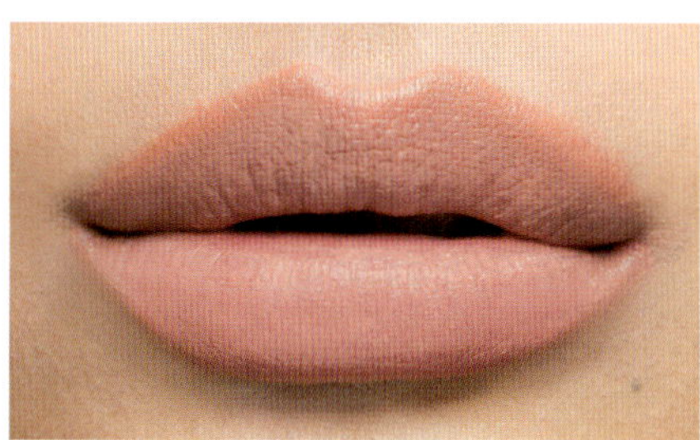

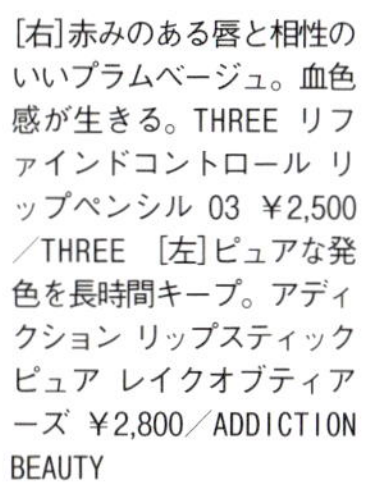

[右]赤みのある唇と相性のいいプラムベージュ。血色感が生きる。THREE リファインドコントロール リップペンシル 03 ¥2,500／THREE [左]ピュアな発色を長時間キープ。アディクション リップスティック ピュア レイクオブティアーズ ¥2,800／ADDICTION BEAUTY

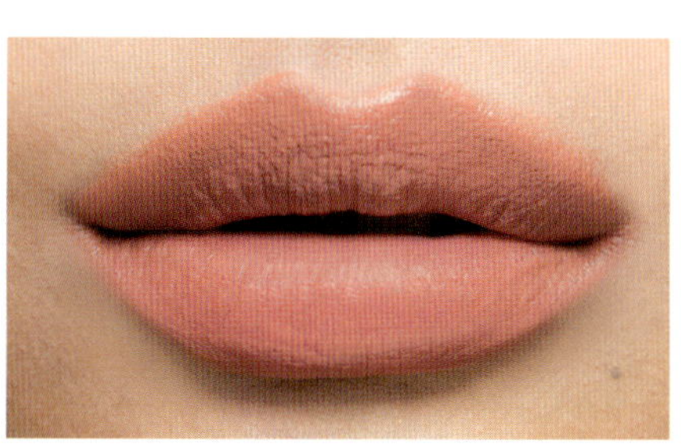

[右]もともと自分の血色かのような自然な赤みをプラス。アディクション リップクレヨン デイトリップ ¥2,300／ADDICTION BEAUTY [左]ベビーリップのようなフレッシュ感をまとえる。好まれやすい適度なツヤ感。M・A・C リップスティック ピーチブロッサム ¥3,000／M・A・C

[右]ぽってりとした色っぽい唇メイクを、誰でも簡単に実現できる。インテグレート ボリュームバームリップ N BE382 ¥1,200(編集部調べ)／資生堂 [左]高保湿タイプでかさつきを感じない唇へ。rms beauty リップスティック ブレインティーザー ¥3,800／アルファネット

Eyeblow

「意志」を宿らせたメイクには、眉の存在感も重要。
濃度と角度を操って印象を引き締めて。

USE IT!

［右から時計回りに］優しいトーンのブラウン。M・A・C リップテンシティ リップ ペンシル ハニーピーカン ￥2,800、ライトなヌードカラー。同 リップテンシティ リップスティック ウェル ブレッド ブラウン ￥3,700／ともにM・A・C　コシのあるブラシとスクリューのWエンド。アナスタシア ストレイトカット/スプーリーブラシ ￥3,500、しっとりとした質感で崩れにくい。同 ディップブロウポマード エボニー ￥2,800／ともにアナスタシア

INSTA EYEBLOW

毛並みをしっかりと立て、ハイライトでアウトラインを囲んだ立体的な眉。

HIGH ARCH EYEBLOW

眉山をグッと外側に設定し、耳の方へと深いカーブをつけた主張型の眉。

SOFT ARCH EYEBLOW

眉尻だけをちょっぴり濃いめに、アーチの角度は緩やかだから印象はソフト。

Chapter

03

顔立ちのタイプ別に
「ハマるボスメイク」をコーチング。
自分に近いモデルを参考にしてみて。

ボスメイクなら
個性が際立つ

CHANGE IN THE BOSS MAKE

※この章に掲載されている化粧品はすべてモデルカットのメイクに使用したものですが、
ポイントを抜粋してプロセスを紹介しているため使用写真は出てこない場合があります。

MARIA KUROTAKI meets BOSSMAKE

from BABY FACE

ウォームカラーを操り
大人のオンナへ

黒瀧まりあ

profile

1991年2月12日生まれ。雑誌『小悪魔ageha』で注目され、イギリス留学を経て現在は雑誌『LARME』にて活躍中。@maria_addict

トップス￥4,980／EMODA ルミネエスト新宿店　ベレー帽￥7,300／CA4LA（CA4LA ショールーム）　ピアス￥4,900／imac　その他／スタイリスト私物

USE IT!

ニックス プロフェッショナル メイクアップ コンシール コレクト コントゥアー パレット3CP02 ¥1,800／ニックス プロフェッショナル メイクアップ

4つの異なるテクスチャーのアイシャドウに、ハイライターが1色プラスされたパレット。M・A・C パワー ハングリー ¥6,700／M・A・C

凹凸ブラシがまつ毛をキャッチ。M・A・C エクステンディッド プレイ ギガブラック ラッシュ リッチブラック ¥2,500／M・A・C

シアー＆軽いつけ心地で、肌に極上の輝きをプラス。M・A・C ミネラライズ ブラッシュ ウォーム ソウル ¥3,500／M・A・C

繰り出し式のスティックコンシーラー。スルスルと広がるジェル質感は、肌の上でパウダーのようにサラッとしたテクスチャーに変化。[右から]M・A・C スタジオ フィックス パーフェクティング スティック NC15、NW35 各¥3,000／M・A・C

ひと塗りでシルク肌。イヴ・サンローラン アンクル ド ポー オール アワーズ ファンデーション B30 SPF20・PA+++ 25ml ¥6,600／イヴ・サンローラン・ボーテ

うるおいを保ちながら、高発色を実現。rms beauty リップスティック ブレスレス ¥3,800／アルファネット

肌に触れた瞬間、とろける2mmの極細ジェルペンシルライナー。インテグレート スナイプ ジェルライナー BR620 ¥950(編集部調べ)／資生堂

なめらかな微粒子タイプ。メイクアップフォーエバー アーティストフェイスカラー H-102 ¥2,500(ケース別売)／メイクアップフォーエバー

WEARING MAKE-UP　　WITHOUT MAKE-UP

the PROCESS

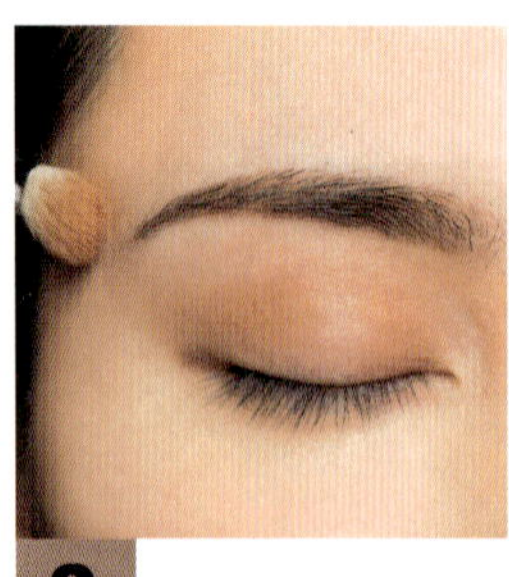

2

眉下のラインをしっかり引き、毛流れに沿って色を入れたらスクリューブラシでぼかす。アイシャドウ1色目はライトブラウンを広く、こめかみまで薄く塗り流す。M・A・Cのパレット上段左から2番目の色を使用。

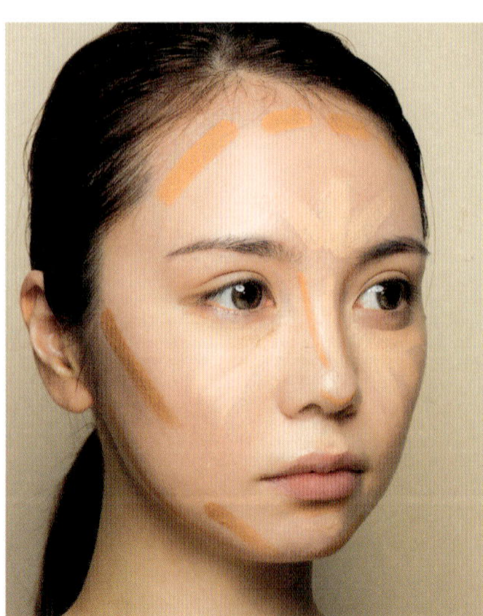

1

海外セレブのような目鼻立ちを叶えるコントゥア。印象を引き締めたいフェイスライン、鼻筋脇はダークカラー、高く見せたい頬や額、鼻筋にはライトカラーを。スポンジとブラシでなじませる。

甘く、幼く見える顔立ちは「影７割メイク」で大人に昇華

3

次に、ラメ感の強いゴールドカラーを二重幅にオン。影に深みをつけつつ、輝きで目力を強調。M・A・Cのパレット右から3番目の色を使用。

4

2で使用したライトブラウンを下まぶた全体に細く入れる。目尻側を少し濃く仕上げたら、ニュアンスの違うライトブラウンでまつ毛の生え際を埋める。M・A・Cのパレット上段左から3番目の色を使用。

5

顔立ちの甘い印象に合わせて、アイラインはペンシルで。上まぶた全体に細く、均一に引いたらブラシでぼかす。ブラシの先にペンシルの色を少しのせてからぼかすと、ラインが消え過ぎない。

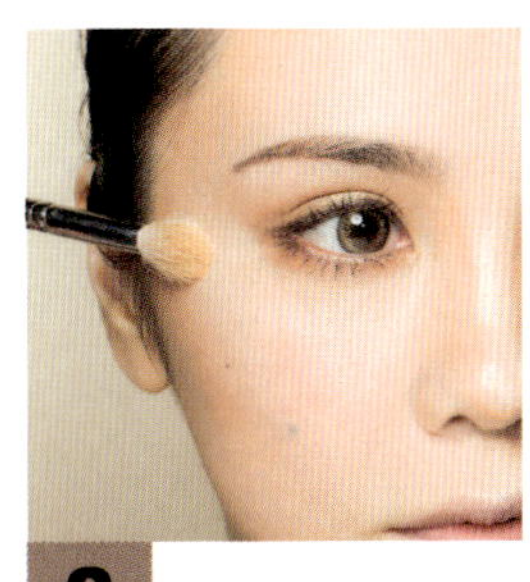

6

マスカラを塗り、目元のCライン、目頭下、鼻筋、上唇、あごの5点にハイライトを。柔らかな影と光をまとって、顔の凹凸を強調する。

7

ブロンズ系のチークを頬からこめかみへと広くのせ、さらにそのままフェイスライン、鼻筋もふわりとひとなで。6で入れた光とつなげるイメージで色づける。リップは上唇の山ラインを厚めに仕上げて。

YUMIKA HIRAO
meets
BOSSMAKE
from
DOLLY FACE
端正な目鼻立ちに
強さとスパイスを添えて
平尾優美花
profile
1993年10月26日生まれ。18歳から雑誌『Popteen』にてレギュラーモデルを務める。現在はママ業と両立。@hirao_yumika
ネックレス￥12,000／imac　その他／スタイリスト私物

USE IT!

なめらかなつけ心地とパワフルなマット感を楽しめる。NARS パワーマットリップピグメント 2784 ¥3,500／NARS JAPAN

ストロボを浴びたような肌質感へ。M・A・Cエクストラ ディメンション スキンフィニッシュ ウィスパー オブ ギルト ¥4,500／M・A・C

セミマット肌に。パワー ファブリック ファンデーション 5 SPF25・PA++ 30ml ¥7,000／ジョルジオ アルマーニ ビューティ

艶やかに輝くブラック。ディオールショウ オンステージ ライナー 096 ¥3,600／パルファン・クリスチャン・ディオール

パールとラメをふんだんに使用。見たままの鮮やか発色。キャンメイク ジュエルスターアイズ 16 ¥580／井田ラボラトリーズ

放射状に広がるシルエットで立体感のある瞳にしてくれるつけまつ毛。ダイヤモンドラッシュ グリーンダイヤモンドシリーズ 101 5ペア入り ¥1,400／SBY

地肌につきにくく、毛をセパレートしつつ着色する眉マスカラ。アナスタシア ティンテッド ブロウ ジェル チョコレート ¥2,700／アナスタシア

ゴールドの輝きを備え、透明感あふれるピーチピンク。可愛らしさと大人っぽさが共存。NARS ブラッシュ 4013N ¥3,400／NARS JAPAN

WEARING MAKE-UP

WITHOUT MAKE-UP

the PROCESS

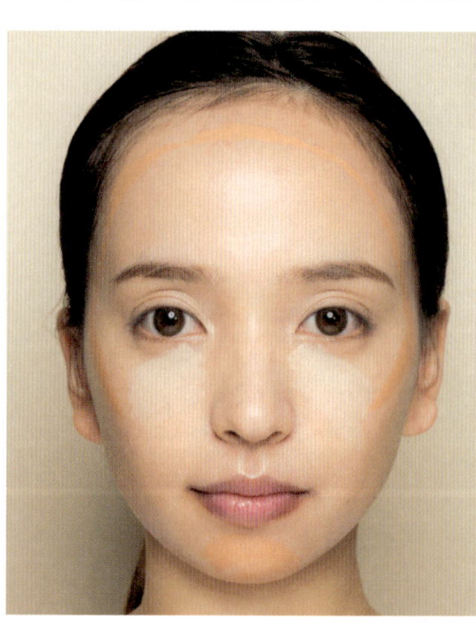

1

もともと目鼻立ちがくっきりしている人は、弱めのコントゥアで。マイルドな色のシェーディングとハイライトを、顔全体にサッとなじませる。

2

眉下のラインを引いてから全体に色を入れる。今回はアイシャドウで色を使わないため、眉は濃いめに描く。最後に眉マスカラで立体感もプラス。

ひと味足りない「吸引力」は
キリッと濃いめの眉でチャージ！

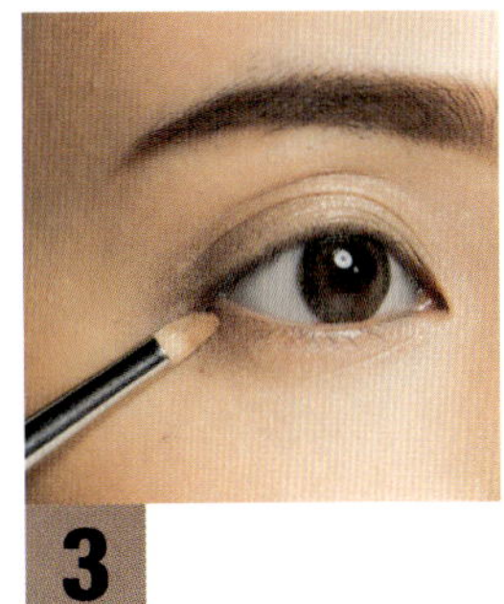

3

クリームタイプのアイシャドウを上まぶた全体と、下まぶたにはアイライン風にのせる。「色づける」のではなく、「光をまとう」イメージで。

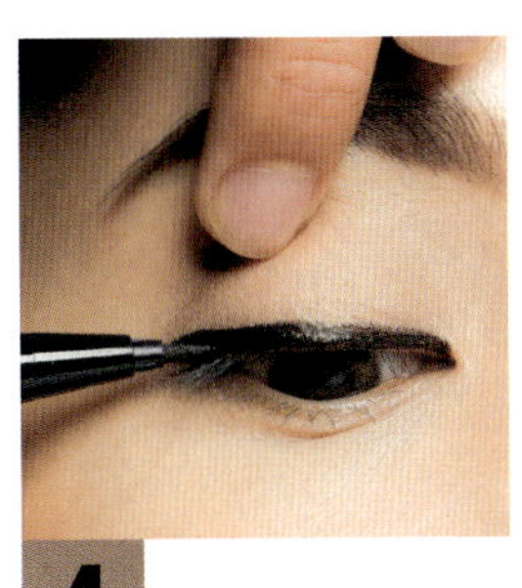

4

アイライナーはくっきり感が出るリキッドタイプを選択。上まぶたを引っ張りながら、まつ毛の生え際ギリギリに引いていく。マイルドに仕上げたい時は濃色パウダーを重ねてぼかす。

5

つけまつ毛に接着剤をつけ、4で引いたアイラインに重ねるようにのせる。事前に目のカーブに合うように、つけまつ毛の芯部分にカーブをつけておくとピタッとフィットする。

6

ピーチピンクカラーのチークで頬に可愛らしさと陰影をまとわせ、Cゾーンと目頭下、鼻筋などキリッとさせたいパーツにはハイライトで光をのせる。これで甘辛ミックスな印象に。

7

目元メイクのラストは、2度目のアイライナー。つけまつ毛をつけた後の微調整として、再度ラインを引く。目尻は跳ね上げラインで4〜5㎜長めに設定し、キャッツアイ風に。

8

唇にはマットなリップを。リップラインギリギリを、口角まで抜かりなく色づける。唇が薄い人は、同系色のリップペンシルでオーバー気味に輪郭をとってからリップを塗って。

MIKI KAWANISHI
meets
BOSSMAKE

かわにしみき

profile

1989年11月11日生まれ。雑誌『Popteen』専属モデルを経て、ビューティー系ユーチューバーとして活躍中。@mikipon1111

トップス¥5,900／MURUA ピアス¥6,800／imac その他／スタイリスト私物

from CONSERVATIVE FACE

和顔×陰影はこの上なく上品

USE IT!

ブレンドしやすいクリーミーテクスチャー。メイクアップフォーエバー プロスカルプティングパレット 20 ￥6,400／メイクアップフォーエバー

コシのある極細筆。思い通りのラインを描ける。イヴ・サンローラン リキッドクチュール アイライナー 1 ￥4,200／イヴ・サンローラン・ボーテ

健康的な肌色になれるパウダーチーク。ハイデフィニション ブラッシュ HDB05 ￥800／ニックス プロフェッショナル メイクアップ

気になる部分をフルカバー。ディオールスキン フォーエヴァー コンシーラー 010 6ml ￥4,200／パルファン・クリスチャン・ディオール

目尻にボリュームをつけたタイプ。自まつ毛のようにフィット。ディーアップアイラッシュ LASH Me 03 2ペア入り ￥1,200／ディー・アップ

シックで華やかな赤みを持つ、ブラウンベースのパレット。センシュアルな目元を演出。THREE 4D プラスアイパレット 03 ￥6,200／THREE

リップスティックを引き立てるためのロングラスティングペンシル。ボビイ ブラウン リップ ペンシル 27 ￥3,200／ボビイ ブラウン

イヴ・サンローラン アンクル ド ポー ルクッション B30 SPF23・PA++ ￥7,500／イヴ・サンローラン・ボーテ

華やかになりすぎない赤みを放つ、シックなブラウンカラー。NARS パワーマットリップピグメント 2780 ￥3,500／NARS JAPAN

WEARING MAKE-UP　　WITHOUT MAKE-UP

the PROCESS

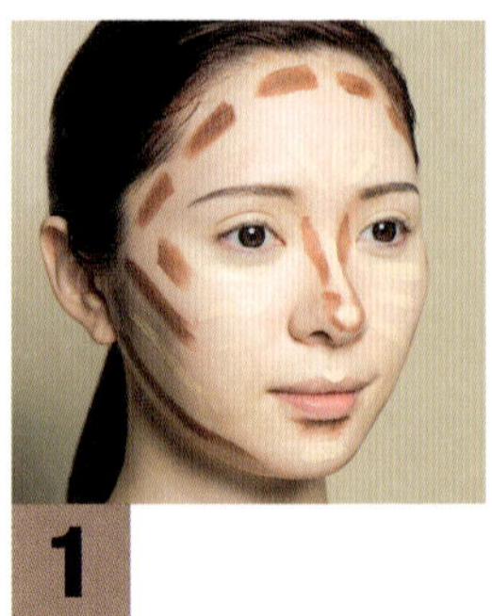

1

平坦な印象になりがちな日本人の顔立ちには、濃いめのコントゥアを投入することで欧米人のような立体感が生まれる。セクシーさが足りないと感じる人も濃いめに入れるのが正解。

2

コントゥアを濃いめにしたら、目元も深い陰影をつけたメイクに。濃いブラウンを上まぶたの目頭〜目尻へグラデーションができるように仕上げる。THREEの右上の色を使用。

3

続いてベージュカラーを上まぶた中央に。眼球上でブラシをワイパーのように左右に動かすと、上まぶた中央に淡色がのって立体感が出る。下まぶた全体にも同じ色をのせて。THREEの左上の色を使用。

スイートカラーは封印して
深みカラーのリンクで大人モード化

4

ニュアンスの違うベージュカラーを細いブラシにとったら、上まつ毛の際を最初に色づけ、そのまま二重幅へと広げていく。THREEの左下の色を使用。

5

アイホール全体にラメの輝きを足す。アイシャドウを指にとり、ポンポンと軽くタッピング。THREEの右下の色を使用。

6

リキッドアイライナーを引き、**5**と同じアイシャドウを重ねて自然にぼかしたら、つけまつ毛をセット。チークカラーで頬を色づけたら、そのままのブラシでこめかみへとブラシを動かす。「く」の字を描くように、こめかみから頬へ、頬からこめかみへとさらにブラシを3〜4回動かす。

7

マットなリップライナーで唇の輪郭をなぞる。唇山の角度をきちんとつけておくと、エレガントで大人っぽい雰囲気を強調できる。下唇は中央を少しオーバーにとって。

8

リップもマットタイプのシックカラーをチョイスして、ミーハー感のない落ち着いた印象に。アプリケーターは唇中央に最初にのせ、ペンシルで描いた内側を左右へ動かして色づけ。

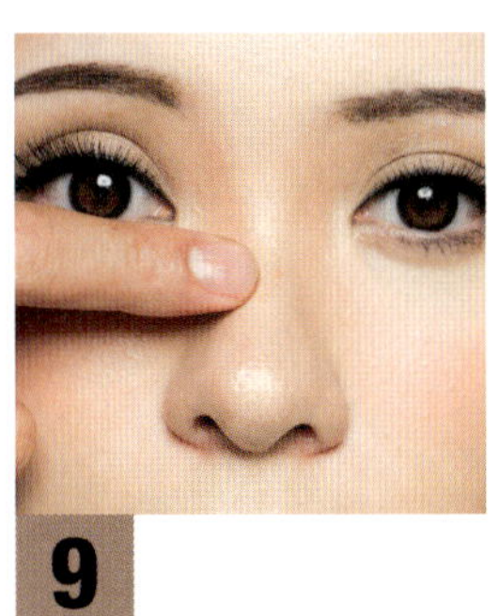

9

メイクの最後に光をトッピング。ハイライトは額、頬骨、こめかみ、目元のCラインなど、高く見せたい部分に入れる。鼻筋や上唇の上部など細かい部分は指でスッとなぞると自然な仕上がりに。

SHUNATAN
meets
BOSSMAKE
しゅなたん
profile
2000年3月17日生まれ。インスタやYouTubeなどでのおしゃれな投稿が話題のインフルエンサー。@shunatan317
すべてスタイリスト私物
from
HANDSUME
FACE
甘さを秘めたツヤ感で
いい女度を上げる

全色使いやすいシェード。ディオール バックステージ アイ パレット 002 ¥5,500／パルファン・クリスチャン・ディオール

唇をしっとり、美しく輝かせる。ランコム ラプソリュ グロス C105 ¥3,600／ランコム

日中用のスキンケアセラムとしても活躍する美容液ファンデ。THREE アンジェリックシンセシスファンデーションセラム 204 30ml ¥6,200／THREE

ツヤのある漆黒発色。アイズトゥ キル ラッカー アイライナー ¥4,200／ジョルジオ アルマーニ ビューティ

強さと優しさを表す絶妙な色合い。ジバンシイ プリズム・ブラッシュ No.04 ¥6,300／パルファム ジバンシイ〔LVMHフレグランスブランズ〕

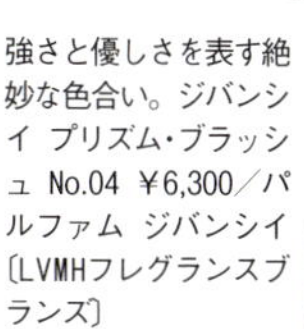

メイクの仕上げにさっとひと塗りするだけで手軽にツヤと立体感をプラス。キャンメイク ハイライター 06 ¥550／井田ラボラトリーズ

コンシーラーとパウダーのセット。M・A・C スタジオ フィックス スカルプト＆シェイプ コントアー パレット ライト/ミディアム ¥6,700／M・A・C

自然な長さの束感でふんわりした印象の瞳に。ダイヤモンドラッシュ オレンジダイヤモンドシリーズ 202 5ペア入り ¥1,400／SBY

自まつ毛が伸びたようにキレイで長く。ファシオ グッドカール マスカラ（ロング） BK001 ¥1,200／コーセーコスメニエンス

汗や皮脂、こすれに強いウォータープルーフ処方。描きやすいソフト芯。アナスタシア ラスティングブロウライナー 02 ¥3,000／アナスタシア

WEARING MAKE-UP

the PROCESS

1

薄い眉に立体感をプラスすると、目力アップにも。芯の細いアイブロウペンシルで、眉頭を中心に1本1本毛を描いていく。肌色の「穴」が気にならなくなるまで描いて。

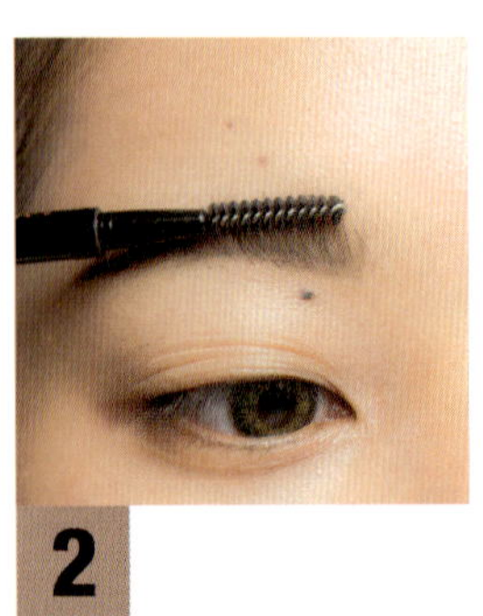

2

1で描いた毛をスクリューブラシでなじませていく。毛並みに沿って動かすとキレイにぼかせる。もし、まだ隙間が目立つと感じたら**1**と**2**を何度か繰り返す。

3

黒っぽい眉に仕立てたい時は、まつ毛用のマスカラを眉に。しっかりとティッシュオフをして余分な液をとり、眉頭を中心に、毛を立たせるイメージで軽く毛を絡ませる。

ジュエルな目元メイクで
目指すのは「オンナが惚れるオンナ」

4

アイホール全体にシルバーを、次にグレーブラウンを二重幅より少し縦に広めに塗る。下まぶたにも同様に色を入れたら、目頭にシルバーで光をオン。ディオールの中央とその右の色を使用。

5

ブラックのリキッドアイライナーを目頭〜目尻まで均一に細く引いたら、グレーブラウンのアイシャドウを重ねてぼかす。4と同じアイテムを使用。つけまをつける。

6

シェーディングはM・A・Cのパレット下段から2〜3色ミックスして使うと絶妙な色合いの影ができる。フェイスラインや頬のほか、目頭と鼻筋の間に濃く入れると顔の凹凸が際立つ。

7

チークはまず、頬のシェーディング部分に重ねて塗る。さらに、額へと向かって「く」の字を描くように何度かなぞっておくとシェーディングとうまくなじむ。

8

ハイライトのメインは、チークの上に。頬から額へと向かう、こめかみの「く」の字ラインにも太いブラシでオン。輝きを強めたい頬の頂点や唇上、目頭下には細いブラシを使うとうまくいく。

尾崎紗代子

profile

1989年12月20日生まれ。カリスマショップ店員から雑誌『Happie nuts』でモデルデビュー。@osayo_osayo

すべてスタイリスト私物

SAYOKO OZAKI *meets* BOSSMAKE

from

DELICATE FACE

もともとの骨格を
マイルドにアピッてボス化

新感覚のパウダースティック。イヴ・サンローラン アンクル ド ポー オール アワーズ スティック B30 ¥6,500／イヴ・サンローラン・ボーテ

フィルムのように薄くて快適なつけ心地。色ムラを防いで長時間美しく。シュウ ウエムラ マットシュプリア M WN 01 ¥3,200／シュウ ウエムラ

独特のクリーミーな質感。アイ クアトロ パレット 8 フェスティバル ¥7,800／ジョルジオ アルマーニ ビューティ

ブラウンからグレーまで、なりたいイメージに合わせてブレンドできる3色セット。RMK パウダーアイブロウ N ¥3,800／RMK Division

質感の違う2色のコントゥアスティック。メイベリン フェイスステュディオ Vフェイスデュオスティック 01 ¥1,400／メイベリン ニューヨーク

眉と鼻筋に光と影の錯覚効果を仕込むパレット。インテグレート ビューティートリック アイブロー BR731 ¥1,000(編集部調べ)／資生堂

ナチュラルヴェールのルミナイザー。メイクアップフォーエバー プロライトフュージョン 01 ¥5,200／メイクアップフォーエバー

リキッドのようになめらかでヨレにくい。イヴ・サンローラン YSL アイライナー ウォータープルーフ 1 ¥3,300／イヴ・サンローラン・ボーテ

「落とせるまつエク」の異名を持つお湯で落ちるマスカラ。メイベリン ラッシュニスタ N 02 ¥1,200／メイベリン ニューヨーク

WEARING MAKE-UP　　WITHOUT MAKE-UP

the PROCESS

2

眉頭～眉山まで、眉上と眉下のラインが並行になるよう、直線的に描く。

1

もともと骨感のあるコントゥア顔は、ベースのメリハリづくりを最小限に。シェーディングとハイライトをなじませる際は、表面がパツンッとカットされた密度の高いブラシでなでるようにクルクルと。

目元が脚光を浴びるよう
色と影のパワーで彫りまくる

3

次に、眉頭を強調するため、眉頭の出発点にある程度濃く、1本ラインを描く。これで眉間が狭まり凛々しさがアップ。このラインを含め、ブラシで眉全体をぼかす。

4

アイシャドウ用の太めブラシで、ノーズシャドウを入れる。眉頭の下部分から小鼻あたりまでをつなげるように、ブラシで半円を描いて。カラーは2〜3色をブラシでミックス。

5

アイシャドウは赤みカラーを二重幅よりかなり広めにオン。下まぶた全体にも同じ色をのせ、ブラシを眉尻まで何度か往復させてこめかみ近くまで色づける。

6

引き締め色のダークブラウンを二重幅より少し広めにのせる。下まぶたも目頭〜目尻まで全体的に色づける。最後にゴールドカラーをまぶたの中央のみに、指でポンポンづけ。

7

アイラインとつけまつ毛をセットしたら、ハイライトでメリハリをもうひと押し。鼻筋にたっぷりとのせるとセクシー度も高まる。

一重まぶたでもこんなにメリハリ!

淡白な印象になりがちな一重まぶた。ボスメイクの簡単二重術なら、
流行の赤みを味方につけた、自然なメリハリ顔になれる!

WEARING MAKE-UP

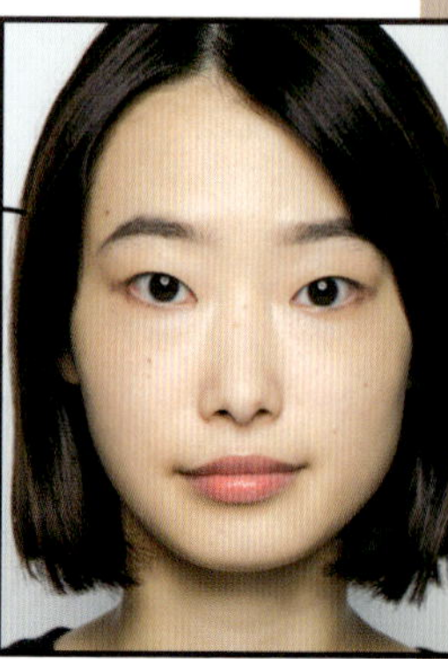

WITHOUT MAKE-UP

菜香

profile

雑誌『Scawaii!』専属モデル。一重まぶたをチャームポイントに、彼女にしかできない表現で支持を集める。@saika518

太チェーンネックレス¥8,800/imac　細ネックレス¥1,580/EMODA ルミネエスト新宿店　その他/スタイリスト私物

USE IT!

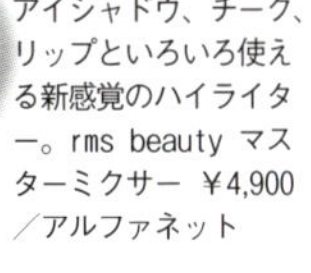

日本人の素肌に近いカラーシェード。ジバンシイ プリズム・リーブル No.2 ¥7,700／パルファム ジバンシイ〔LVMH フレグランスブランズ〕

アイシャドウ、チーク、リップといろいろ使える新感覚のハイライター。rms beauty マスターミクサー ¥4,900／アルファネット

青クマや茶クマなど、目元の色ムラをクリアに整えるコンシーラー。ケサランパサラン アンダーアイブライトナー ¥3,000／ケサランパサラン

1本でバーム、口紅、グロスの3役をこなす。温冷感でふっくら唇に。イニック リップティント テンプテーション 01 ¥2,280／ビーリンク

塗って乾かすだけで簡単に自然な二重へ。目を閉じても自然な、大人のための二重化粧品。ラクオリ リキッドフィルム 5ml ¥2,700／エリザベス

水性のフィルムタイプと油性のジェルタイプが1本に。イニック モア ブルーム デュアル アイライナー インキーベリー ¥1,680／ビーリンク

グラマラスに輝くオレンジブラウンのグラデーション。目元に深い彫りを演出。ケイト ブラウンシェードアイズN BR-5 ¥1,200(編集部調べ)／カネボウ化粧品

女性らしさがアップするナチュラルブラウン。ふんわり質感が長持ち。セザンヌ ノーズ&アイブロウパウダー 02 ¥580／セザンヌ化粧品

塗った瞬間、自まつ毛がくっきりするジェルインクマスカラ。メイベリン スナップスカラ 01 ¥1,200／メイベリン ニューヨーク

the PROCESS

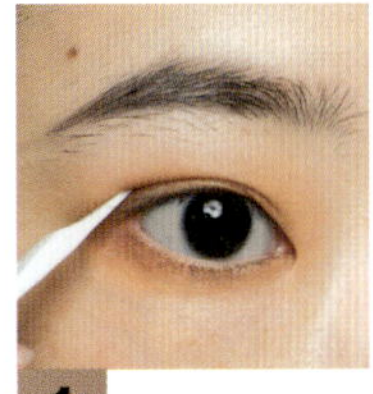

1

ケイトの上段中央の色で上まぶたにグラデーションをつける。同じ色を使って下まぶたも色づけたら、二重化粧品でまぶたに好みのラインを。

2

二重ラインが完成したらアイラインを。上まぶたのまつ毛の生え際、ギリギリに細く入れる。今回はにじみにくい水性タイプをチョイス。

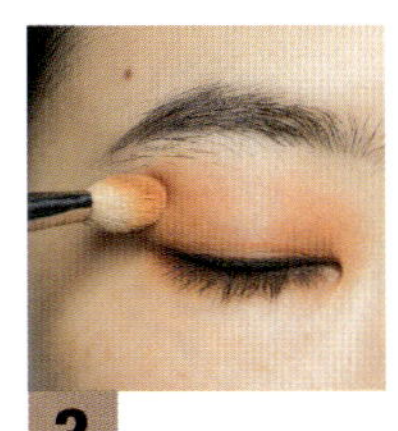

3

アイメイクのラストにもう一度**1**と同じアイシャドウを重ねて、華やかさと奥行きのある眼差しをつくる。

4

唇には、本来の血色を生かすようなヌーディーピンクを選択。ぷっくり立体的に仕上がるグロスは、ライトボスフェイスにしっくり。

Chapter

04

ギャルメイクの聖地ともいえる場所で、
ボスメイクを表現。日本未発売の
コスメ情報は、ぜひ旅の参考に。

BOSS MAKE OF ROOTS "L.A."

ボスメイクのルーツは、
セレブ顔

人気の海外セレブは、みーんなボスメイク

EVERY CELEBRITY'S FACE IS BOSSMAKE

世界中から注目を浴びているセレブたちは、印象のメリハリづけが得意。
自分の個性と意志を伝えているから、彼女たちはこんなにも魅力的。

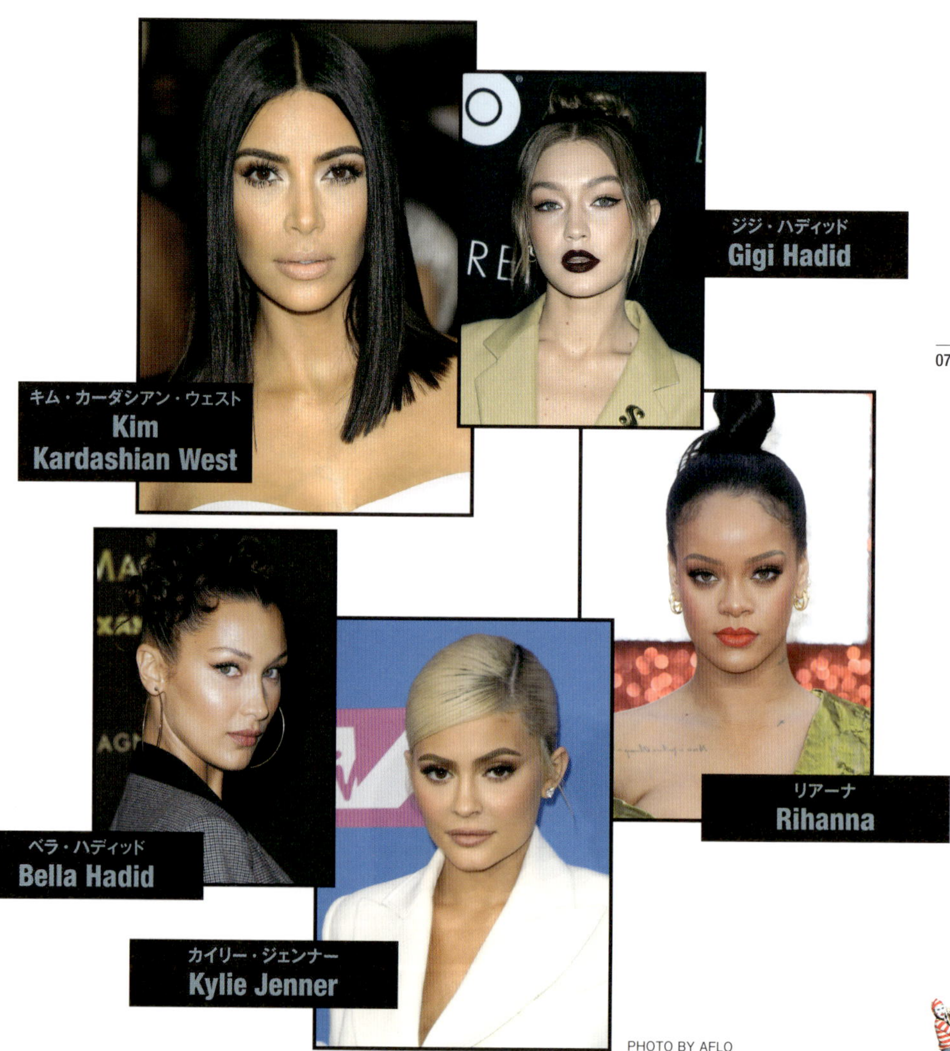

ジジ・ハディッド
Gigi Hadid

キム・カーダシアン・ウェスト
Kim Kardashian West

リアーナ
Rihanna

ベラ・ハディッド
Bella Hadid

カイリー・ジェンナー
Kylie Jenner

PHOTO BY AFLO

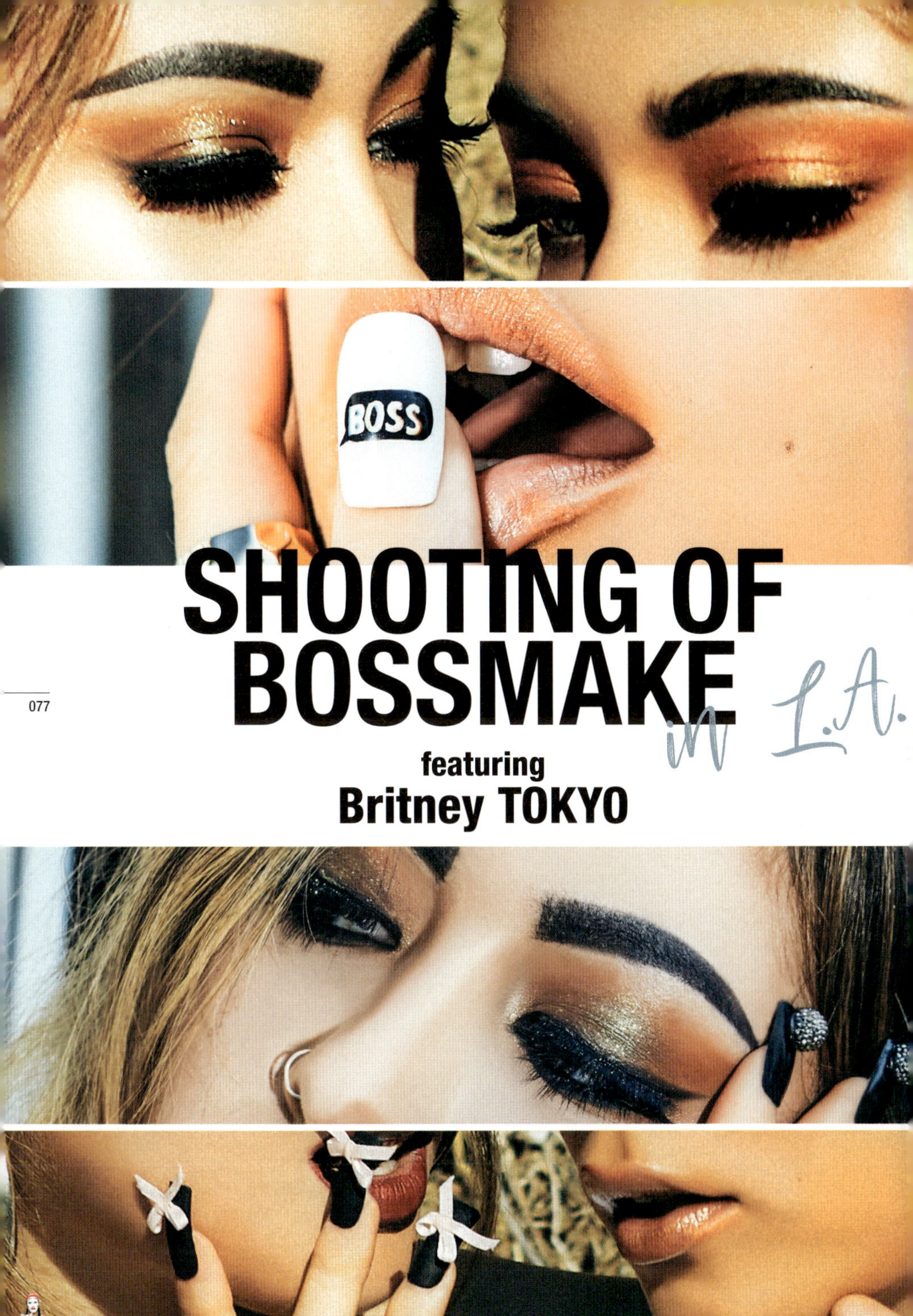

SHOOTING OF BOSSMAKE *in L.A.*

featuring

Britney TOKYO

SHOOTING OF BOSSMAKE *in L.A.*

10代の頃から、そして今もなお JunJun を魅了してやまない L.A.。
そこで今回、初となるシューティングを！
しかも、アリアナ・グランデなどのセレブを担当する
日本人ネイリスト、Britney TOKYO（ブリトニー東京）とのコラボも実現。

ケイティ・ペリーが着用！

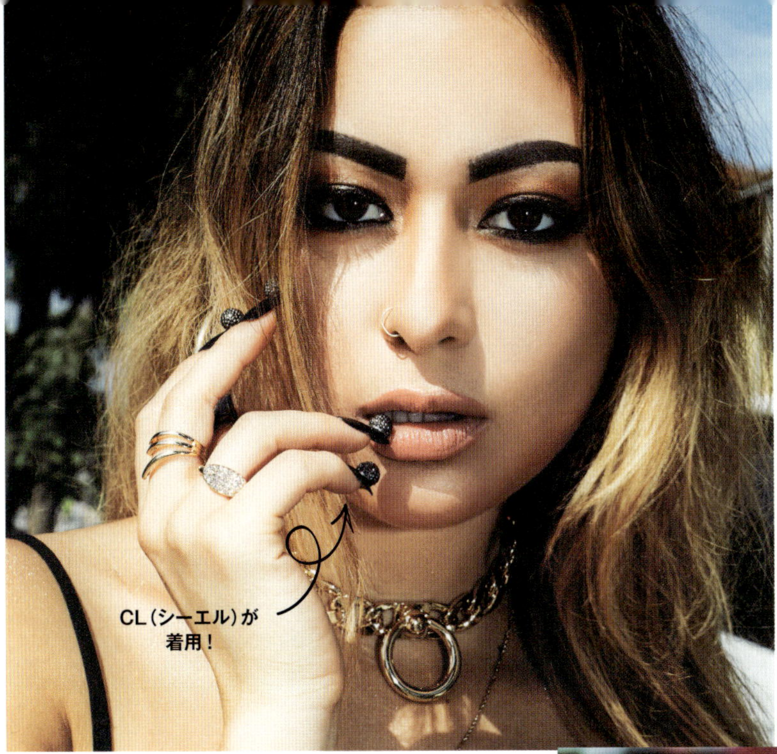

CL（シーエル）が
着用！

キム・
カーダシアンが
着用！

フェンティ ビューティー
FENTY BEAUTY

リアーナがプロデュースするコスメブランドで、ブランドネームの『FENTY』は彼女のラストネーム。「圧倒的な発色と、肌になじむ質感がポイント」［右から］FENTY BEAUTY Moroccan Spice Eyeshadow Palette、同 MATCH STIX Matte Skinstick ESPRESSO

ミルク メイクアップ

Milk MAKEUP

フルーツや野菜からとれた天然成分でつくられたコスメ。「防腐剤不使用やパラベンフリーなど、肌が弱いモデルちゃんにも使えて安心」［左］Milk MAKEUP Watermelon Brightening Serum、［下］同 Holographic Highlighting Powder Supernova

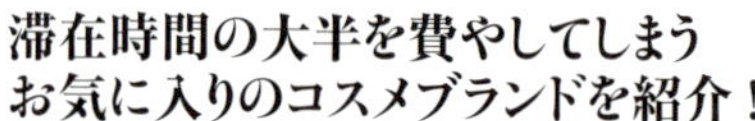
滞在時間の大半を費やしてしまう お気に入りのコスメブランドを紹介！

COSMETICS FESTIVAL

「日本で手に入らないようなカラーや質感のコスメは、L.A.で買いだめする」というJunJun。今回のL.A.訪問で入手したコスメ、その一部を紹介。

グロッシアー
Glossier

N.Y.発のスキンケアコスメブランド。アイブローは1万人待ちというウワサ。「最近、L.A.で路面店をオープンしたばかり。このプチプチのショッパーを持っているのが旬の証！」［右から］Glossier Stretch Concealer Rich、同 Priming Moisturizer Buildable Hydrating Creme、同 Body Hero Daily Perfecting Cream、同 Haloscope Dew Effect Highlighter Topaz、同 Lidstar Cub

フーダ ビューティー

HUDA BEAUTY

人気ビューティーブロガー兼ユーチューバーのフーダ・カタンがプロデュース。「おしゃれなパッケージも、質感のよさもかなりツボ。いちばんのお気に入りはコントゥアに使えるパレット」[上から] HUDA BEAUTY Rose Gold Palette Remastered、同 Contour & Strobe Lip Set Trophy Wife&Shameless、同 Coral Obsessions Palette、同 3D Highlighter Palette Golden Sands

カイリー コスメティクス

KYLIE COSMETICS

手掛けるのは、あのカイリー・ジェンナー。「彼女のようなぷっくりしたリップや、惹きつけられる目元を表現できるアイテム」[上から] KYLIE COSMETICS Birthday 2018 Palette、同 The Blue Honey Pallet

ベッカ

BECCA

オーストラリア出身のメイクアップアーティスト、レベッカ・モリス・ウィリアムズが設立。「ヌーディーなカラーコレクションが好み」BECCA Glow Gloss Gloss Pour Les Lèvres Rose Gold

バイト ビューティー

Bite Beauty

カナダ生まれのリップ専門ブランド。原料はすべてオーガニック素材。「口紅ってどうしても口に入っちゃうもの。こういうコンセプトのあるコスメは需要が高まるよね」Bite Beauty the Multistick Blondie

Junko も被写体に！
カメラの視線がアツい

「L.A.でお世話になったカメラマンのZEEさんは、ファッションデザイナーとしても活躍しているマルチな才能を持つ人。彼のコレクションを身にまとうと、うん、テンションが上がる♡」

いつものおちゃらけ JunJun は
L.A.でだって、もちろん健在

FEEL LOS ANGELES

訪れるたびに新鮮な「美しさの感覚」を養えるL.A.。同時に、それをおもしろく表現できるのも彼の強み。さて、今回の旅ではどんな収穫があったのでしょう？

「今回宿泊したホテル、おしゃれなデザインですごくよかった♪　日本にはない色彩感覚の空間に身をおくことも、感性のリフレッシュに必要」

Bossgram

junjun
Parker Palm Springs

#おかわ　#Booking.com　#マリオみたい　#寝転んでるんだよ　#頭上は階段だよ　#アイコンにしていいよ　#オーバールックホテル

「現地のチャリティーイベントに出演のオファーがあり！　スケジュールの合間をぬって伺いました。自分がヘアメイクされるのって初めてで照。ハニカミ王子」

#Junkoだよ　#大勢いても、好き？　#ウケる？　#おかわ？　#惚れないで
#L.A.感、ある？　#実は四つ子　#いや、合成だから　#Booking.com

「いつだって、何をしたら幸せか、何を表現したらみんなが楽しんでくれるかを考えてる。実は、ぼんやり座ってるってこと、ないのかもしれないなー…ウソウソ！　いつもボケッとしてますよ♡」

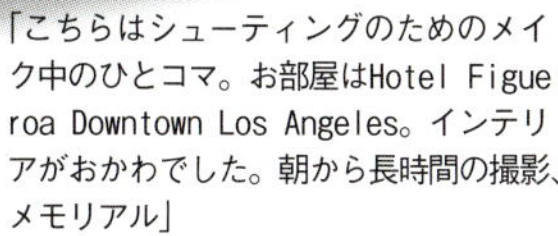

「こちらはシューティングのためのメイク中のひとコマ。お部屋はHotel Figueroa Downtown Los Angeles。インテリアがおかわでした。朝から長時間の撮影、メモリアル」

@xxmelodi

ニッキー・
ミナージュが
着用！

@sky_sky_

Good friend,
Britney TOKYO!

@britneytokyo

Thank you!

Chapter

05

もともとイケてるあの有名人も、
ボスメイクで開眼！

ボスメイクで
有名人もイメチェン

BOSS MAKE AND XXX COLLABO-RATION

あびる 優

もともと目力が強く、濃いメイクにも負けない美人顔。
ブレない「あびる優」という存在感と魅力を、さらに引き出す
ボスメイクで、大人の強さと色気がガツンと炸裂！

ジャケット¥8,900／one spo イヤリング¥6,300／imac その他／スタイリスト私物

We asked about JunJun!

JunJunって、どんな人?

あびるさん(以下、あ) インスタではおちゃらけながら情報を発信しているおもしろい人、でも現場に立った時JunJunは繊細で、すごく真面目。

BOSSMAKE

USE IT!

明るいトーンはコントゥアに。ディオール バックステージ フェイス＆ボディ ファンデーション 2CR ￥5,100／パルファン・クリスチャン・ディオール

深みのあるくすみ系カラー。ラメの強弱が調整できて便利。キャンメイク パーフェクトスタイリストアイズ 18 ￥780／井田ラボラトリーズ

どんなアイシャドウとも相性のいいシアーなブラック。スモーキーな瞳に。キャンメイク アイシャドウベース BV ￥500／井田ラボラトリーズ

私は、そのギャップが好きですね♡　どれだけ仲よくなっても敬語で話すんですよー。

JunJunの魅力って、どんなところ？

あ　彼は、その日の最初に必ず「今日はこういうイメージでつくり上げていくね」って、明確にプランを持って、ハッキリ言ってくれるの。だから、私も安心して身も心も預けられる。

ボスメイクの魅力は？

あ　私をすごくハッピーにしてくれるところですね。女性だったら誰しもそうだと思うんですけれど、メイクがうまくいった時、すごく素敵に仕上がった時の喜びってハンパないじゃないですか!?　それを、毎回お仕事の現場でピピッと感じて、絶対に私のテンションを上げてくれるんです。キレイにしてもらっている立場だけど、共同作業みたいで。私たちはお互いの時間を楽しんでいるんだと思います。

オーバーリップラインも違和感なくフィット。赤みの強いブラウンカラー。M・A・C リップ ペンシル ボールドリー ベア ￥2,400／M・A・C

クリームタイプのハイライトとシェーディング。シェイド アンド イルミネイト 01 ￥8,500／トム フォード ビューティ

密着性の高いしっとりとした微粒子パウダー。アナスタシア ブロウパウダー DUO ミディアムブラウン ￥3,200／アナスタシア

さり気なく目尻を強調したデザインは、女性らしさをプラスしたい人に。ミッシュブルーミン アイラッシュ No.14 4ペア入り ￥1,000／ウエルネスボーテ

クリーム状のマットリキッドリップ。ソフト マット リップクリーム SMLC57 ￥1,200／ニックス プロフェッショナル メイクアップ

ブラシは細部まで狙える極細 0.01mm。にじみにくいのに簡単オフ。メイベリン ハイパーシャープ ライナーR BK-1 ￥1,200／メイベリン ニューヨーク

ベルベットマットな仕上がり。スエード マット リップスティック SDMLS01 ￥1,200／ニックス プロフェッショナル メイクアップ

ディオールスキン フォーエヴァー コンシーラー 020 6ml ￥4,200／パルファン・クリスチャン・ディオール

Genking

GENKING

公私共に仲のいいふたり。何度もメイクをして知り尽くしているからこそ、ボスメイクのフィット感が格段に違います。
コントゥアリングも、もはやご本人の骨格&肌そのものとして君臨！

Bossgram

おかわ！　1,000,000件
#SANA　#美容大好き　#ファッションも好き　#Team GENKING　#キラメンコパーク　#おかわ　#BOSSMAKE
@_genking_

[p.091]キャミソール¥3,580／EMODA ルミネエスト新宿店　フリンジチョーカー¥12,800／Jenny Bird、ホースネックレス¥34,800／HERMES、ロゴネックレス¥24,800／Yves Saint Laurent、リング(上)¥15,800、リング(下)¥14,800／ともに8,6,4(すべてHedy)
[p.092／GENKING]バスローブ¥30,000、頭に巻いたバスタオル¥7,800／ともにHippopotamus　イヤリング¥24,800、サークルネックレス(一番下)¥47,800／ともにCHANEL、コインネックレス¥12,800／Christian Dior、ホースネックレス¥34,800／HERMES、ロゴネックレス¥24,800／Yves Saint Laurent、リング(上)¥15,800、リング(下)¥14,800／ともに8,6,4(すべてHedy)　その他／スタイリスト私物
[p.092／JunJun]バスローブ¥30,000、頭に巻いたバスタオル¥7,800／ともにHippopotamus　フープイヤリング¥7,800／Hedy、コインネックレス¥17,800／CELINE(ともにHedy)

BOSS
MAKE

BOSSMAKE

USE IT!

ディオール バックステージ フェイス＆ボディ ファンデーション 2N ￥5,100／パルファン・クリスチャン・ディオール

目元に華やかさとメリハリを。ディオール バックステージ アイ パレット 001 ￥5,500／パルファン・クリスチャン・ディオール

このカラーコントラストが眉に立体感を。軽いタッチでしっかり発色。アナスタシア ブロウパウダー DUO オーバーン ￥3,200／アナスタシア

JunJunとはどんな話をするの?

GENKINGさん(以下、G) お互いにL.A.が大好きで、一緒に旅行するとずっと『セフォラ』とスーパーのコスメコーナーに入り浸ってるくらい。話すことといえば、海外セレブやメイクについてが多いかな。ふだんのお仕事でも、JunJunが買ってきた海外コスメを私の顔で試すこととか、よくあります。そうやって情報交換したことがだんだんと身についていき、相乗効果でよりよいメイクが完成していくんです。ただ、メイクはどんどん濃くなっていきますけどねw。

ボスメイクの魅力は?

G 日本の女の子は、メイクに対してまだまだ消極的よね。でも、JunJunを好きな子たちは、きっとどこかで私たちみたいにL.A.ガール=メリハリメイクが好きなんだと思うの。変われるって楽しいじゃない? 彼のメイクには「新しい自分」を見つけるきっかけがたくさんある。私にとって、メイクは「ライフスタイルが投影されたもの」だから、そういうきっかけでちょこちょこ変わるんです。みんなにも、口紅の色ひとつ、シェーディングひとつ、部分的に彼のメイクをとり入れて、「変わること」を楽しんでほしいな♡

Pick up!

「着色料や防腐剤などをいっさい使っていない、ピュアな石けんで毎日スキンケア。アスタキサンチンなど美容成分たっぷりで、乾燥肌や敏感肌、赤ちゃんも安心して使えますよ」(GENKINGさん) ほのあかり 100g ¥4,500/AKM

セカンドスキンのような心地よい仕上がり。ディオール バックステージ コントゥール パレット 001 ¥4,600/パルファン・クリスチャン・ディオール

マット質感のブラック。ディオールショウ オンステージ ライナー 091 ¥3,600/パルファン・クリスチャン・ディオール

スルリとのびて、乾くとピタッと固まる独自のマスカラ液。メイベリン ラッシュニスタ N 01 ¥1,200/メイベリン ニューヨーク

イキイキとしたフレッシュなコーラル。ジバンシイ プリズム・ブラッシュ No.03 ¥6,300/パルファム ジバンシイ〔LVMH フレグランスブランズ〕

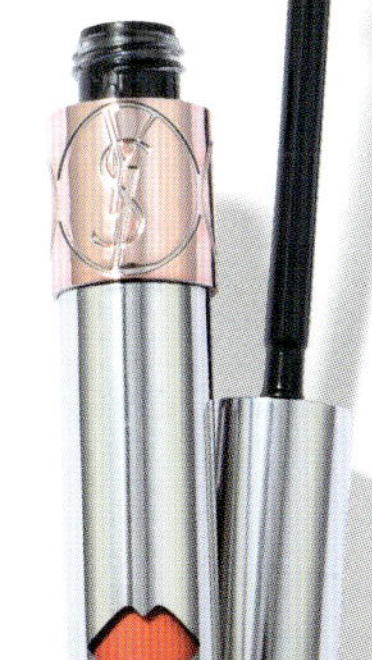

ワンストロークでぽってりリップに。イヴ・サンローラン ヴォリュプテ ウォーター カラーバーム 3 ¥4,000/イヴ・サンローラン・ボーテ

シアーなウォームベージュ。唇を乾燥から守り、美発色が長く続く。アディクション リップスティックシアー デイトリップ ¥2,800/ADDICTION BEAUTY collaborate

/03 今井 華

Hana Imai

ギャルモデル時代から、もう８年以上のお付き合いだというふたり。
大人になった今井さんの「今のよさを、もっと強調したい」と
感じた、彼女のためのボスメイクを披露します。

おかわ！　1,000,000件
#コスメ好き　#ゲロ可愛　#FLOVE　#Producer　#激盛れ　#BOSSMAKE
@imaihana

Tシャツ ¥5,900／Valmuer　ピアス¥1,900／原宿シカゴ表参道店　その他／スタイリスト私物

BOSSMAKE

BOSSMAK
BOSSMAKE

BOSS
MAKE
merci
Paris

We asked about JunJun!

ＪｕｎＪｕｎとの出会いは？

今井さん（以下、今） ＪｕｎＪｕｎにメイクをしてもらいたいがために、『ｎｕｔｓ』っていう雑誌のオーディションを受けたんです。その時の現場が初対面でした。私は18歳で、「メイクをしてもらう」初体験の人がＪｕｎＪｕｎでした！

ボスメイクの魅力は？

今 初めてメイクをしてもらった時、衝撃を受けたのを今でもスゴく覚えてます。こういうのって雑誌を通して見ているだけだと、あまりわからないじゃないですか。でも実際に自分がやってもらうと本当にスゴくって。「この自分」を記念に持ち帰ろうと、何百枚自撮りしたことかｗ。8年以上経った今でも、彼との現場では同じような感覚が何度もあります。新しい自分に出会えるんですよ。いろいろ研究して自分的にはいつも「これがベストだ」と思ってメイクしているけれど、ＪｕｎＪｕｎにメイクされると、やっぱり新しい。毎回違う自分の顔を見せてくれる、そういうところがいつだって嬉しいですね。

USE IT!

M・A・C ダズルシャドウ A56 ￥2,900／M・A・C

パワー ファブリック ファンデーション 6.5 SPF25・PA++ 30ml ￥7,000／ジョルジオ アルマーニ ビューティ

シアー、サテンなど4つの質感が4カラーでセット。アイ カラー クォード 03 ￥9,200／トム フォード ビューティ

シアバター配合で唇にスルスルとのび、ピタッとフィット。M・A・C リップテンシティ リップスティック トースト アンド バター ￥3,700／M・A・C

中央にボリュームがあり、まつエク風の仕上がり。ディーアップアイラッシュ ローラコレクション 05 2ペア入り ￥1,200／ディー・アップ

キレイに整えた唇の輪郭が長時間にじみにくい処方。保湿成分も配合。ボビイ ブラウン リップ ペンシル 22 ￥3,200／ボビイ ブラウン

力を入れなくてもなめらかに描ける軟らかい芯。セザンヌ アイブロウ 802C ブラシ付アイブロウ繰り出し 03 ￥580／セザンヌ化粧品

好感度の高いパステルコーラル。メイクアップフォーエバー アーティストフェイスカラー S-300 ￥2,500（ケース別売）／メイクアップフォーエバー

ひとはけで透明感のあるツヤを。メイクアップフォーエバー アーティストフェイスカラー H-106 ￥2,500（ケース別売）／メイクアップフォーエバー

軽快にのび広がってさらりとしたテクスチャーに。M・A・C スタジオ フィックス パーフェクティング スティック NW30 ￥3,000／M・A・C

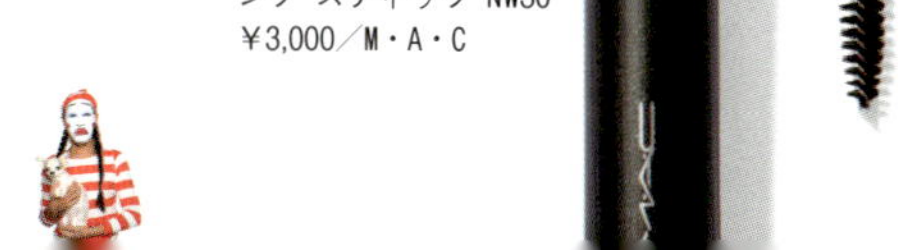

collaborate /04

Seiko Amakointer

誠子

(尼神インター)

もともと目鼻立ちがしっかりしていて、「ガラッと変われる要素が強い」とJunJunが感じていたボスメイクにピッタリの存在。「女芸人」から、ひとりの「オンナ」への変貌をご覧あれ！

Bossgram

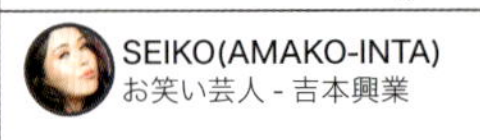

SEIKO(AMAKO-INTA)
お笑い芸人 - 吉本興業

おかわ！ 1,000,000件
#女の子はワガママな生き物なのだ♡ #あなたの恋愛偏差値は？ #みんなよく見て #瞳の色、ヘーゼルアイズ #誠子の瞳に恋してる？ #おかわ #BOSSMAKE
@seiko_1204

Gジャン￥8,900／one spo
チョーカー￥12,000、イヤリング￥4,900／ともにimac
その他／スタイリスト私物

BOSS
MAKE

BOSSMAKE

We asked about JunJun!

“メイクで色気って出せるんやって思えた♡♡♡変われるメイクって楽しい！”

“ここまで目が大きくなるって思ってなかった！アイメイクも陰影づけも、大事なんやなって”

Pick up!

メイク後にシュッとひと吹きで、憧れのツヤ肌に

写真を撮る前に吹きつければ、まるで加工したようなツヤのある肌を演出できるミスト。顔はもちろん、髪やボディにも使用可能。Gloss me オーロラミスト 100ml ￥1,500／コジット

USE IT!

空気のように軽い、モダンなゴールドパール。イヴ・サンローラン ハイライタークチュール 1 ￥6,000／イヴ・サンローラン・ボーテ

ベースメイクの仕上げにさっとひと塗りするだけで、フレッシュ感が出るハイライター。RMK グロースティック ￥2,000／RMK Division

ジェルの透明感とクリームのカバー力がひとつに。RMK ジェルクリーミィファンデーション 102 SPF24・PA++ 30g ￥5,000／RMK Division

リップメイクが思いのまま。ディオール バックステージ リップ パレット 001 ￥5,500／パルファン・クリスチャン・ディオール

ハイライトとシェーディングにも使える眉パレット。インテグレート ビューティートリックアイブロー BR631 ￥1,000(編集部調べ)／資生堂

まぶたを持ち上げる、弾力のある軸でデカ目に。ディーアップアイラッシュ RICHシリーズ 805 2ペア入り ￥1,000／ディー・アップ

4つのブラウンと、グレーやピンクなど9色入りのパレット。M・A・C スモール アイシャドウ ×9 アンバータイムズ ナイン ￥5,400／M・A・C

速乾性が高く、上向きカールのまつ毛をすばやく固定。ファシオ ワンダーカール マスカラ BK001 ￥1,200／コーセーコスメニエンス

汗や皮脂に強く、長時間ヨレ知らずの漆黒アイライナー。M・A・C ブラシストローク ライナー ブラシブラック ￥3,200／M・A・C

collaborate /05

福島善成

（ガリットチュウ）

Yoshinari Fukushima

ボスメイクは、性別だって関係なく劇的な変化を起こせるもの。
骨格を生かして印象にメリハリをつけ、目力をアップさせれば
見間違うくらいクオリティの高い「国籍超え」を実現。

おかわ！　1,000,000件
#腕相撲ならまかせて　#変装モノマネ500個できます　#一般人モノマネは220個　#映画が好き　#格闘技観戦も好き　#競馬も　#餃子の王将も
@fukushimayoshinari

スウェットトップス¥5,990／GYDA　その他／スタイリスト私物

BOSSMAKE

BOSSMAKE

“メイクの最初のタッチでわかりました。「あ、この人スゴい」っていうそういう手をしてますね”

福島さんとJunJunは、まるでキム・カーダシアンと専属メイクアップアーティスト、マリオ・デディヴァノヴィッチみたい！

PHOTO BY WireImage/Getty/Kyodo News Images/

USE IT!

成分の半分以上が美容液成分。みずみずしい使用感で美ラインが続く。ミッシュブルーミン リキッドアイライナー No.01 ¥1,400／ウエルネスボーテ

植物由来のヤシ油やミツロウなどの保湿成分がたっぷり。品よくツヤめく。rms beauty リップシャイン オネスト ¥3,400／アルファネット

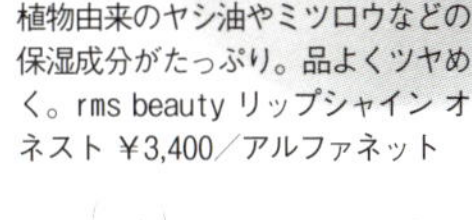

繊細なラメのピンクベージュ。メイクアップフォーエバーアーティストカラーシャドウ D-712 ¥2,000（ケース別売）／メイクアップフォーエバー

M・A・C スモール アイシャドウ×4 ポイント アンド シュート ※日本未発売（JunJun私物）

細くて繊細な毛を採用し、クリッとした丸い瞳にメイク。ミッシュブルーミン アイラッシュ No.18 4ペア入り ¥1,000／ウエルネスボーテ

肌なじみのいいコーラル系ベージュ。ほのかに輝くゴールドパール入り。セザンヌ リップペンシル 01 ¥380／セザンヌ化粧品

目尻を強調したタイプで輝く瞳をアピール。ダイヤモンドラッシュ ピンクダイヤモンドシリーズ 002 5ペア入り ¥1,400／SBY

テカリやくすみを防いでみずみずしいフレッシュマット肌になれるファンデーション。M・A・C スタジオフィックス フルイッド SPF15 NC25 SPF15・PA++ ¥4,400／M・A・C

どんな肌にも浮かず、陰影がつくりやすいシェーディングスティック。FENTY BEAUTY MATCH STIX Matte Skinstick ESPRESSO（JunJun私物）

Chapter 06

今、流行りの「胸鎖乳突筋」の
鍛え方など、ボスメイクが映える
顔とボディのメイキング法。

BOSS MAKE AND MORE

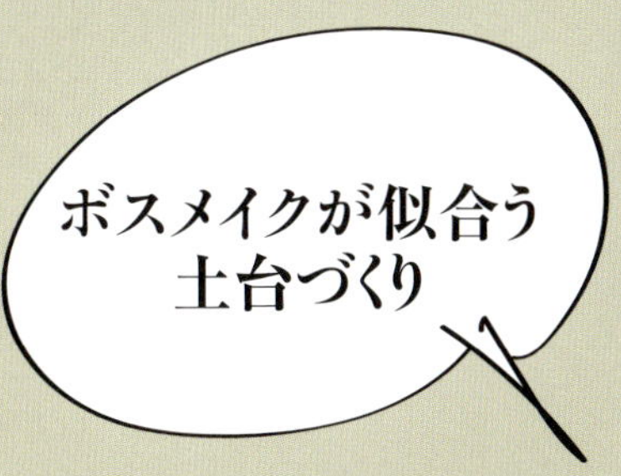

BOSS

「意志のある、立体顔」の土台づくり

EXERCISE

根底からボスメイクを楽しむために、トレーニングもとり入れて。
土台が引き締まれば、メリハリメイクがさらに映える！

吉田夏海

profile

モデル、ヨガインストラクター。カリスマギャルモデル時代から女子の憧れの的だった抜群のスタイルを生かし、『ROXY』などの広告塔もこなす。@natsumiiiiiiiiiii

FACE to NECK

1 顔〜首

顔のむくみをとり除き、海外セレブが注目している胸鎖乳突筋（きょうさにゅうとつきん）を際立たせて。力加減は「イタ気持ちいい」くらい、回数は各プロセス10回程度を目安にトライ。

1 鼻のつけ根・目頭・眉頭の3点を囲んだ部分に親指を入れ込み、グーッとプッシュ。少しくぼみがあるので、スポットはそれを目印に。頭を前方へ倒し、その重みで圧をかけて。

2 両手でこぶしをつくり、頬骨の下に当ててこぶしを入れ込む。第二関節が頬骨の下に入るのを感じたら、そのままこぶしを耳の後ろへ動かして、老廃物を流す。

3 次は、こめかみに溜まった老廃物を流すステップ。両手の指の腹でこめかみから耳までをしっかりとつかみ、そのまま頭皮をつたって耳の後ろへ流すとスッキリしてリフトアップ。

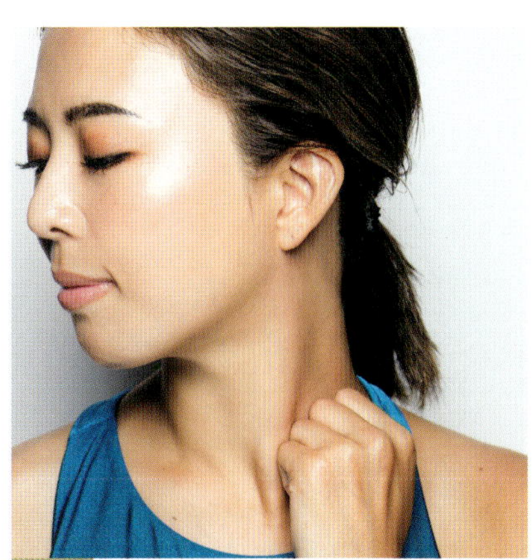

4 今度は首にアプローチ。片手でこぶしをつくったら、耳の後ろに第二関節を当ててそのまま鎖骨までスライド。血流やリンパが滞っている人は、結構痛いので無理せず、少しずつ。

5 胸鎖乳突筋を含め首にある太い筋肉をつまんでは放す、つまんでは放す、を繰り返して刺激。首の筋肉がピシッと目立っていると、メイクはもちろんおしゃれもカッコよく決まる。

NECK to DÉCOLLETÉ

2 首〜背中

このパーツはスリムな体型づくりにも大きく関わる、血流とリンパのジャンクション。日々の生活では動かしていないことが多いので、1日1回はストレッチを。

1

右手を左側頭部に当て、頭を右側へと押し倒して10秒キープ。反対側も同様に。繰り返していくと顔に血液が行き渡り、血色がよくなる。胸鎖乳突筋も刺激できるプロセス。

2

両手を後ろ側へ回し、指を絡ませて握ったらヒップ・背中から腕全体を離すようにグーッと後ろ側へのばす。鎖骨を大きく開き、肩甲骨を寄せることで体液の循環が向上する。

3

両手の指先を、それぞれの肩の上に置く。この状態を支点として、ひじで円を描くように大きく動かす。肩甲骨を回すエクササイズは代謝アップに効果てきめん。

WAIST to HIP

3 腰～お尻

上半身の主要なパーツを刺激したら、ボディでメリハリをつけたいウエストとヒップに照準を。全身でメリハリを表現できれば、あなたも正真正銘のボスファミリー！

1

あぐらの姿勢からスタート。右足を左足の太もも外側へ持っていき、ひざを立てる。左ひじを右ひざに当ててグーッと押しながら体をひねってくびれをメイク。逆側も同様に。

2

体が床と平行になるよう、四つん這いになる。片足を高く上げて5秒キープ。ヒップ全体の筋肉にひびく工程は、ヒップアップに効果大。逆側も同様に足を高く上げて。

3

左足はひざを直角に曲げ、右足はつま先からひざまでを床につけつつ後ろ側へのばす。両手を合わせたら右ひじを左ひざに引っ掛けるようにして上半身をねじって10秒キープ。逆側も同様に。

We asked about JunJun!

JunJunとの出会いは?

吉田さん(以下、吉) 私たちのなれそめは『BLENDA』っていう雑誌ですね。JunJunは、最初からこのノリの人でしたよw。当時からJunJunのキャラも、メイクも大好きだったから、朝4時から夜中2時までなんてのが当たり前だった撮影も、楽しく乗り越えられたんだと思います。

ボスメイクの魅力は?

吉 やっぱり「JunJunといえばこのメイク!」

“久しぶりの濃いメイク、やっぱりコレが好き! シャキッとしてテンションが上がる♪”

って感じですね! 最近って「メイクは薄い方がいい」みたいな風潮があったじゃないですか。だから、自分でメイクすると「これくらいでいいでしょ」みたいな、手抜きじゃないんだけどそうともいえるような仕上がりで。でも、ちゃんと土台からつくるメイクをした自分を見たら「やっぱ、こっちだな♡」ってw。シャキッとして、ひとつ上のスイッチが押されたような感覚。女性はテンションが上がることでキレイになっていくんだと思います。私的には「あの頃」に戻った感じで懐かしくもあるけれど、この神的なスイッチ、みんなが押したらスゴいことになりそうでワクワクする!

[p.108-113／吉田]水着／fruits de mer　その他衣装・ピアス／本人私物　その他アクセサリー／すべてアヴァランチ 渋谷店
[p.113／JunJun]すべて本人私物

JunJun makes girls happy by **BOSSMAKE**

JunJun'S BEAUTY ACTION

「ボク、顔がむくみやすいので引き上げるマスクをしたり、マッサージをしたり、結構自分にも気を遣っているんです。『アガリズム』はカッチカチに固めた美容液でできたカッサ。ゴリゴリしながら美容液を塗れるなんて、超時短でいいじゃない!? 今回のL.A.にも持っていって、プールサイドで小顔イズム」

うるおいを与えながら気になる目元、口元、額やフェイスラインにアプローチ！ ベタつかないところも高ポイント。AGARISM モイスチャライザーアガリズム 20g ￥2,500／AkaraN

NATSUMI'S BEAUTY ACTION

週2くらいは「走りたい！」って体が、いうんですw。焼き肉大好き♡で、食事制限はゼロ。だからそのぶん体型維持のために体を動かします。ランニングは道具がいらないし、気軽にできるのがいいところ。気が向いた時にサクッと走りに行きます。汗をかくとストレス発散にもなって、ホント気持ちいい！

朝は糖分を欲していて、うっかりするとチョコなど甘いものを食べてしまいがち！ だから、私はできるだけフルーツをとるようにしています。自宅には旬のフルーツを常にストック♪

サプリはビタミンC、ビタミンB_2、トラネキサム酸、ハイチオール、ビタミンE、ビタミンAなどなど、肌のためにいろんな種類を摂取。昔から肌が焼けやすいので、特にビタミンCとトラネキサム酸は一緒にとるようにして、シミ対策をしています！

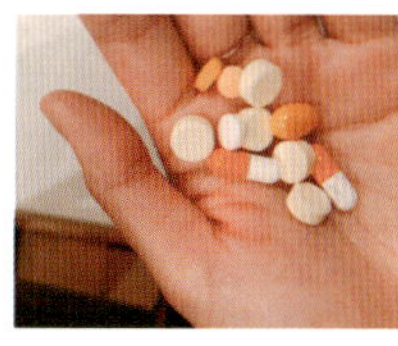

Chapter 07

SNS での「おもしろい存在」から、
「本気」の一面まで、
いろんな表情を初 (!?) 公開！

JunJun のこと、
もっと
知ってほしい

BOSS MAKE CREATOR "JunJun"

チェックジャケット／ZARA（ZARA JAPAN）　その他／本人私物

シャツ、BAG／OPENING CEREMONY　その他／本人私物

「やりたいこと」って、なに?
すべてが漠然としていて、
でも「なにか」を成し遂げたくて

「“メイクさんになりたいと思ったきっかけは？”って聞かれたら、“洋服が好きだったから”って答えます。ウソじゃないけど、実はそれほどでもなくて。ただ、なにかをやりたかったんです。ボクには、目指すものがなにもなかった。“本気”とか、“人生をかけて”とか、聞いたことはあるけれど、いつそんなものができるんだろうって。
ボクは、兄と姉のいる４人きょうだいのうちの末っ子。みんなと歳が離れていたり、環境が結構ハードだったりで、幼い頃からいろんな“感度”が磨かれてきたように思うんです。たくさんの愛情をもらいつつ、すでに成功している兄やがんばっている姉に対して“追いつきたい”と思う、自立心も早くから自覚していて。物心ついた時から“ボクも早く大人になりたい”って感じていましたね。“それには、なにかをやり遂げないと認めてもらえないな”“じゃあ、なにを？”その答えが、幼いころから身近だった洋服や化粧品に関わることでした。自立心が強かったからか、中学の時からバイトを始めていたので15歳から今まで、ずーっと働いています」

認められることの嬉しさと同時にやってきた違和感。『JunJun』は、ボクにとって…

「20歳のころからいろんな雑誌でお仕事させてもらうようになりました。年齢的なデビューは早かったですね。たまたま知り合いの読モの子がボクをヘアメイクとして呼んでくれて、それがありがたいことに反響を呼んで…みたいな、今思えば、そういうチャンスをうまくつかめて、どんどん階段を上がっていったように思います。
時代は、ちょうど読モブーム。雑誌だけじゃなくタレントさんからのオファーも増え、テレビの仕事なんかもできるようになって。雑誌では自分の連載が始まり、ファッションスナップにも呼んでもらえるようになりました。少しずつ"自分の存在や考えをみなさんに届けられる人に近づけているかな"って思えるようになったんですが、一方では本業の"ヘアメイク"としてではなく"タレント"として必要とされ出していることへの違和感にも気がついていて。認められたい。でも、なにかが違う。ヘアメイクとして生きたい。その軸は絶対に揺らがない。『JunJun』と向き合うために出した決断が、"いったんメディアから退く"ということでした」

すべて本人私物

女性という美しい存在を、より美しく。そのためになら、なんだってできる

「メディアへの露出を控えている間は、少人数制のメイクセミナーを開催して、近い距離で女性とコミュニケーションをとるようにしていました。そこでリアルに受け取ったみなさんのリクエストや、不満や、悩みは、今のボクにとって大切な財産。リアルな声に触れることと、『JunJun』と向き合うことに費やしたこの２年で、自分の至らなさにも気づけたので。
ボクは、“自分”というものを確立できていなかった。みんなを納得させるくらいの、強い意志を持ってメイクができていなかった、と思ったんです。女性のことを“すごく美しいもの”だと感じる潜在意識みたいなものを持ちながら、その存在をどうしたいのか、感覚でしか表現できなくて、そこに明確な目的を添えられずにいた気がします。そう、意志がいかに必要か身を持って感じたからこそ、ボスメイクにもたどり着けた。だから、自信もついた。どういう求められ方をしても、女性をキレイにする立場からのアンサーができる。だから、また『JunJun』として発信を始めることにしたんです」

ボーダーニット／DIET BUTCHER SLIM SKIN、中に着たシャツ／an season（ともにMIDWEST）　その他／本人私物

明治プロビオヨーグルト R-1 ドリンクタイプ

「美容はもちろん、風邪予防にも良きと聞いたので、ほぼ毎日飲んでます。朝食はドリンクですませることが多いかな。昔から便秘症なので、これでもインナーケアを気遣っているのです」

YES TOKYO

「コールドプレスジュースは買い溜めして飲んでます。保存料や添加物が入っていないピュアなフルーツと野菜を、1日の最初の食事で！」

サンテアル ダロームピュリテ

「レモンやゼラニウムなど、100％天然のエッセンシャルオイル。ブースターオイルとしても使えるから洗顔後すぐに塗るのがおすすめ」

万人ウケする
ジューシーな香り♥
肌もしっとりうるおう

RMK W トリートメントオイル

「肌が柔らかくなって、うるうるぷりぷりになるオイル。マッサージオイルとしても適任です」

メイク前の手に
スプレーする
消毒モノ。
オーガニックの
香りも良き♪

JAO REFRESHER

JunJun's favorite

美の伝道師として「女性にすすめる前に、自分で必ず試す」のが彼のポリシー。経験から選んできたアイテムやライフスタイルの一部になっているものなどをピックアップしてお届け。

あ、ごめーん。
朝磨くの忘れたから、
昼過ぎだけど今から磨くね♡

CHANEL N° 5 L'EAU ON HAND CREAM

「2018年限定販売のハンドクリーム。レモンやローズなどいろんな香りが凝縮されていて、心地よい」

M + shiro（マッシロ）

「歯が白くてキレイだと、メイクの映えっぷりが断然変わります！　これは10〜15分、ちょっと長めに歯を磨いて、LEDマウスピースを装着するだけ。自宅で簡単にホワイトニングができる、かなりコスパのいい歯磨き粉です」

あ〜良き良き。
今日も一日がんばったね、
Junko ♡エラいぞ

カウブランド 赤箱

牛乳石鹸の良きところ、3つ！

①洗顔が気持ちいい

「みんな知ってると思うけど、今一度。懐かしいようないい香りと、優しい泡に包まれるのって最高の瞬間」

②ブラシも洗える

「表面の凹みが、ブラシを洗うのにちょうどいいのです。ブラシ専用の洗浄石けんに負けず劣らず、いい落ちっぷり」

③芳香剤にも使える

「この香りに癒やされる〜。クローゼットやトイレなど、狭い空間に1個置いておくだけで幸せの香りでいっぱいに♡」

三善 ステージ クレンジング ふき取りタイプ

「舞台メイクを落とすためのクレンジングだから、メイクオフの威力がハンパない！　でも、肌にマイルドっていうニクいやつ」

VI-GENE アクア モイストリッチローション

「デイリーのスキンケアにいい感じ」

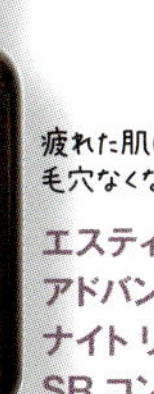

日本女性のために開発された、ダメージを受けにくい肌を目指す化粧水。美容液前に合わせて使うと良き

エスティー ローダー マイクロ エッセンス ローション

疲れた肌に良き！毛穴なくなる

エスティ ローダー アドバンス ナイト リペア SR コンプレックス II

「肌の自己回復力がメキメキ上がるのを感じる美容液。ハンドプレスして塗ると、肌に吸い込まれていくのがわかる」

メイク前やメイク後、疲れた時とか香りでリフレッシュする時はいつもコレ。仕事場での良き香りはコレですよ

コーダリー オード ボーテ

「疲れた時、顔にひとふり。ミントの香りでリフレッシュ !! 」

濡れたような質感と、ほどよいホールド感。ツヤも出せるし、香りが良き

ミルボン ニゼル ドレシア ジェリー M

強力保湿！
肌にひと膜できる感じが好き

ドゥ・ラ・メール クレーム ドゥ・ラ・メール

テンションを上げたい、スペシャルケア用に

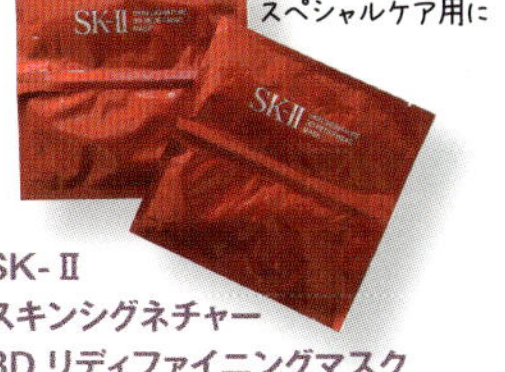

SK-II スキンシグネチャー 3D リディファイニングマスク

気分転換に使うフレグランス。香り長持ち

ディオール ソヴァージュ オードゥ トワレ

「いつもの自分じゃない、ちょっとテンションを替えたいなと思った時にはコレ」

日焼けした時にベタベタに塗る青缶

ニベアクリーム 大缶

TOM FORD SOLEIL BLANC ALL OVER BODY SPRAY

「たくさんの人にいい香りっていわれるボディスプレーだから、これをつけていればモテるのではw」

立ちっぱなしの現場が仕事が多いので必需品

休息時間

たまたまでマッサージ！むくみ取りに良き !!

リファ エスカラット

みんなにこれどこの香り？って聞かれる。そしてフタがすぐになくなる

ゲラン アベイユ ロイヤル アクティヴ ローション

「肌がなめらかになる。さっきまで疲れてた肌が、パッと明るくなるんだもん、ハチってすごいよねー」

アンチエイジングに良き

日本未発売。びっくりするぐらいボリュームが作れるよ！ 海外セレブみたいな無造作ヘアスタイルを作るのにピッタリ☆

OUAI TEXTURIZING HAIR SPRAY

エフェクト 358 ヘアー アンド ボディー クレンジングウォッシュ、同 モア リッチ シャンプー、同 リッチ ケア トリートメント

「保湿美容液で洗うっていうコンセプトでプロデュースしたヘア＆ボディケアグッズ。性別問わず使いやすい香りとテクスチャーなので、ぜひ使ってみてね♪」

ナノサイズのスチームで、肌の角質層まで潤いを浸透させるスチーマー。撮影でいつも使ってる

パナソニック スチーマー ナノケア コンパクト

ヘアオイルとボディークリームもあるよ！

スチーマーの後に温冷美容！ プロージョン高濃度炭酸で、とにかく美肌に

MTG プロージョン 炭酸ミスト

オーガニック成分たっぷりのナチュラルバーム

コキュウ メロウバーム

昔からずーっと使ってる!!

ジョンソン ベビーオイル（無香料）

最強のデオドラント、リピート 100 回位

ブルー ドゥ シャネル デオドラント スプレイ

「いい男っぷりが上がってる、と自分では思ってる♡ 日本未発売の制汗剤です」

足のむくみに良き。引き締めたい部分を集中してマッサージ！

クラランス ボディ フィット

質感と香り良きヘアオイル

OUAI WAVE SPRAY

「キム・カーダシアンのヘアスタイリストとして有名な、ジェン・アトキンがプロデュースするヘアケアブランド（日本未発売）。ドライヤーで乾かす前につけてます」

ずーっと使ってる香水

ブルー ドゥ シャネル オードゥ パルファム トラベル スプレイ

「自分の香りは旅先にも必ず連れて行くから。このサイズ感は便利でいい。旅っていうか、ほとんど毎日持ち歩いているもの」

ブースターやお仕上げのスプレーなど、いろいろ使えてプチプラで良き

エビアン フェイシャルスプレー

汚れをしっかり取りたい時に。オーガニックだから肌の負担も少ない！

ドクターブロナー マジック ソープ ティートゥリー

質感軽めのオイル。甘めの香りで現場受けも◎

トム フォード ソレイユ ブラン ボディ オイル

種類が豊富で、コスパ抜群♪

ピュアスマイル フェイスマスク

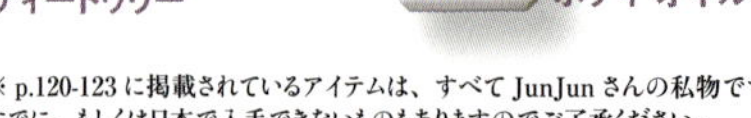
※ p.120-123 に掲載されているアイテムは、すべて JunJun さんの私物です。すでに、もしくは日本で入手できないものもありますのでご了承ください。

WTF
SEX
JUNJUN
HAPPY♥
BIRTHDAY

みなさんへ

このたびは、『BOSSMAKE』を読んでくれてありがとうございます。
みなさんが、この本に書かれていることを日常メイクに取り入れ、
「ふだんより、自分に自信が持てた」「雰囲気が変わった」「かわいくなった」
「女子に憧れられる存在になった(←自分で言う? w)」などなど……、
ちょっとした、もしくは大胆な変化を楽しんでくれるといいな、と思っています。
この本には、「なりたい顔になれるメイクアップ術」が、たくさん詰まっています。
メイクは、見た目と一緒に気持ちも変えられるもの、
そのゲートをくぐるためのチケットだと、ボクは思っています。
「今まで挑戦する勇気が、きっかけがなかった」という女子さん、
これからのメイクにぜひ♥
そして、またボクは次に向かって進みます。
その先で、みなさんと再会できることを願って……!

ここからは、いつも応援してくれているみなさんへ

いつもありがとう! 今回で2冊目のメイク本です。
バージョンアップしたJun Junメイクを、
また参考にしてくださいませ♥

最後は、制作に関わってくれたみなさんへ

ボクが作りたい本をカタチにしてくれて、
本当に本当に、ありがとうございます。
制作期間のたくさんの出来事は、一生忘れません笑。
笑いあり、涙あり、海外撮影や、徹夜での作業。。。
乗り越えられたのは、みなさんのサポートのおかげです。

[カバー]すべてスタイリスト私物

[p.008他]プリントガウン/JUN OKAMOTO(JUN OKAMOTO DAIKANYAMA STORE) メッセージネックレス/chigo(mixtape inc.,) ブレスレット/アヴァランチ 渋谷店 その他アクセサリー/Frica Jewelry(Frica Jewelry Japan) その他/スタイリスト私物

[p.009他][長]コインネックレス、[左手 薬指]リング2本、[右手 中指]リング/S.O.S fp 恵比寿本店 [短]ネックレス、[左手 中指]リング、[右手 薬指]リング/Bijou R.I ピアス、[左手 人差し指]リング/アヴァランチ 渋谷店 その他/スタイリスト私物

[p.013他]ピアス/Bijou R.I ブレスレット、リング2本/アヴァランチ 渋谷店 その他/スタイリスト私物

[カバー]すべてスタイリスト私物

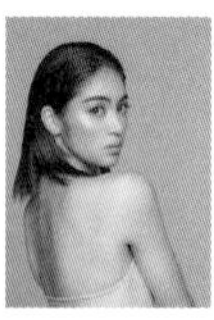

[カバー]ワンショルダートップス/NAIFE™

[p.009他]カーディガン、キャミソール/NAIFE™ ピアス/Bijou R.I ネックレス、[右手薬指]リング/アヴァランチ 渋谷店 [右手人差し指]リング、[左手人差し指]リング/Frica Jewelry(Frica Jewelry Japan) その他/スタイリスト私物

[p.010他]ジャケット/NAIFE™ ピアス/Bijou R.I ネックレス/Frica Jewelry(Frica Jewelry Japan) その他/スタイリスト私物

COSMETICS

RMK Division ☎0120-988-271
AkaraN ☎0120-983-998
ADDICTION BEAUTY ☎0120-586-683
Ando ☎06-6556-6302
アナスタシア ☎06-6376-5599
アルファネット ☎03-6427-8177
イヴ・サンローラン・ボーテ ☎03-6911-8563
伊勢半 ☎03-3262-3123
井田ラボラトリーズ ☎0120-44-1184
VI-GENE ☎058-267-0025
ウエルネスボーテ お客さま相談室 ☎048-532-2000
AKM ☎03-6721-1065
SBY http://diamondlash.co.jp
エリザベス ☎03-3262-4061
牛乳石鹸共進社 ☎06-6939-2080
カネボウ化粧品 ☎0120-518-520
ゲラン ☎0120-140-677
ケサランパサラン カスタマーセンター ☎0120-187-178
KOKOBUY ☎03-6696-3547
コジット ☎0120-06-5210
資生堂 ☎0120-81-4710
コーセーコスメニエンス ☎0120-763-328
シュウ ウエムラ ☎03-6911-8560
ジョルジオ アルマーニ ビューティ ☎03-6911-8411
THREE ☎0120-898-003
セザンヌ化粧品 ☎0120-55-8515
ディー・アップ ☎03-3479-8031
トム フォード ビューティ ☎03-5251-3541
NARS JAPAN ☎0120-356-686
ニックス プロフェッショナル メイクアップ お客様相談室 ☎0570-077-699
パルファム ジバンシイ [LVMHフレグランスブランズ] ☎03-3264-3941
パルファン・クリスチャン・ディオール ☎03-3239-0618
ビーリンク ☎0120-129-219
ボビイ ブラウン ☎03-5251-3541
M・A・C(メイクアップ アート コスメティックス) ☎03-5251-3541
メイクアップフォーエバー ☎03-3263-9321
メイベリン ニューヨーク ☎03-6911-8585
ランコム ☎03-6911-8151

STAFF

Photographer
岩谷優一（vale.）［model］、金子吉輝［cosmetics］
217..NINA［L.A.］
ZEE［L.A.］

Hair&Make-up
JunJun

Nail
Britney TOKYO

Styling
コギソマナ（io）［瑛茉ジャスミン、楓、JunJun、山本舞香、吉田夏海］
まつやえりこ［All others］

Design
最上真千子

Composition&Writing
長江裕子（YMdecoration）

cooperation
Ayu［L.A.］
Booking.com

Model
あびる優
今井華
瑛茉ジャスミン
大塚まゆか
尾崎紗代子
楓
かわにしみき
黒瀧まりあ
GENKING
菜香
しゅなたん
誠子（尼神インター）
ソンイ
平尾優美花
福島善成（ガリットチュウ）
山本舞香
吉田夏海
（50音順）
melodi［L.A.］
Skylar Roberge［L.A.］

SHOP LIST

FASHION

アヴァランチ 渋谷店　☎ 03-6415-5070
imac　☎ 03-3409-8271
S.O.S fp 恵比寿本店　☎ 03-3461-4875
Hedy　☎ 03-6455-0419
EMODA ルミネエスト新宿店　☎ 03-3355-1560
CA4LA ショールーム　☎ 03-5775-3433
OPENING CEREMONY　☎ 03-5466-6350
GYDA　☎ 03-6408-1079
ZARA JAPAN カスタマーサービス　☎ 03-6415-8061
JUN OKAMOTO DAIKANYAMA STORE　☎ 03-6455-3466
NAIFE™　☎ 03-5432-9077
原宿シカゴ 表参道店　☎ 03-3409-5017
Hippopotamus　http://www.hippopotamus.co.jp
Valmuer　☎ 03-6427-2818
Bijou R.I　☎ 03-3770-6809
Frica Jewelry Japan　https://fricajewelry.jp
fruits de mer　☎ 0467-22-2277
mixtape inc.,　☎ 03-5721-6313
MIDWEST(WOMEN)　☎ 03-3463-6589
MIDWEST(MEN)　☎ 03-5428-3171
MURUA　☎ 03-5447-6543
one spo　☎ 03-3408-2771

JunJun（じゅんじゅん　年齢非公開）

ヘアメイクアップアーティスト。多くの人気女性誌などでヘアメイクを担当し、
トップモデルや女優、ユーチューバー、アーティストなど数々の著名人を手がけるほか、
テレビ・雑誌・SNS・美容イベントなど多彩に活躍。
最近では朝の情報番組「スッキリ」にも出演。
また、伊勢丹との共同開発による全面プロデュースのユニセックスシャンプーもリリース。
SNSでも話題を集めており、ユニークなキャラクターが人気を博し、
現在Instagram（@ junjun393）のフォロワーは40万人を超える。

BOSSMAKE

JunJunメイクで顔もココロも
なめられない女になる

ボスメイク

2018年11月21日　初版第1刷発行

著者　JunJun
発行者　小川美奈子
発行所　株式会社　小学館
〒101-8001　東京都千代田区一ツ橋2-3-1
電話（編集）03-3230-5125
（販売）03-5281-3555
印刷所　共同印刷株式会社
製本所　株式会社若林製本工場

ISBN978-4-09-310877-5

制作／高柳忠史・星一枝　販売／小菅さやか　宣伝／野中千織　撮影／横田紋子　編集／竹下亜紀